Character Text for

SPEAK CANTONESE

Parker Huang

Gerard P. Kok

粵 語 課 本

漢 字 本

FAR EASTERN PUBLICATIONS

YALE UNIVERSITY

NEW HAVEN, CONNECTICUT

PREFACE

This character text corresponds, part for part, to the romanized text in *Speak Cantonese* by Parker Huang and Gerard P. Kok (Mirror Series A-50, Far Eastern Publications, Revised Edition, 1973).

It can be used by the Chinese teacher, who usually reads much more easily in characters than in romanization, or the student, who wants to learn to read.

Since this is a conversational book of the Cantonese dialect, the character text will look strange to the ordinary reader of Chinese. A number of characters and expressions are limited to the Cantonese dialect, necessitating the 'coining' of some new characters. The sentences are strictly colloquial and do not follow the more stilted style of written *pai-hua* or Mandarin.

The Chinese teacher in using this book for conversational drill must be careful not to 'read-out' the sentences — that is, he should read the sentence to himself first and then say it in normal speed using spoken intonation.

Accompanying this text is a supplement containing the character vocabularies with notes covering rules for writing and the order of strokes given each new character. These are called CHARACTER WRITING CHARTS FOR SPEAK CANTONESE, BOOK I.

The SPEAK CANTONESE series includes BOOK I, II, and III. BOOK II is provided with and EXERCISE BOOK. There is also available CANTONESE SOUNDS AND TONES to assist pronounciation problems.

All of the above spoken texts have accompanying tapes available on cassette or reel types.

Comments or suggestions for improvements should be sent to the publisher —

Far Eastern Publications
Yale University
New Haven Ct. 06520

序

　　SPEAK CANTONESE 第一冊，是用羅馬字拼音寫出廣州話課文，爲初學語音之教材，先求能懂能說。此書是其漢字副本，內容課文與正本相同，爲學生進一步求識字之讀本。

　　正本分編二十四課，每課分爲對話與故事，生字，例句與文法，綜合例句，及譒譯練習等五節。此外每六課之後，另有總溫習一課。全書計採用七百餘個生字，一百二十九個句語法式，每個法式平均附有十個例句，以及文法註解八十九項，亦附舉例。

　　語言有形音義四個要素。先學其音義，後學其形，次第而進，易收成效。因此上述教材分爲拼音與漢字本兩種，以便分別應用。漢字本未載語音，字義，及文法，故用時如有必要，應向正本檢查。

　　正本所用羅馬字拼音法，是本學院所特創，即以英文字母，依其原音，拼成粵音，並加聲調符號，以別平上去入等七個聲，清楚淺白，比注音字母及國際音符，較爲易懂易學。茲舉例如下：

第一聲	第二聲	第三聲	第四聲	第五聲	第六聲	第七聲
sè 賒	sé 捨	se 瀉	sē 些	sèh 蛇	séh 社	seh 射
sì 思	sí 史	si 試	sī 詩	sìh 時	síh 市	sih 是
yàu 休	yáu 柚	yau 幼	yāu 憂	yàuh 油	yáuh 有	yuah 又
fàn 分	fán 粉	fan 訓	fān 分(鐘)	fàhn 焚	fáhn 奮	fahn 份
——	——	baak 百	bāk 北	——	——	baahk 白
——	——	faat 發	fāt 拂	——	——	faht 佛
——	——		sāp 濕	——	——	sahp 十

（註）關於七聲之詳細說明及舉例，請參閱正本序文及發音練習小冊。

　　既有教材，還要想到運用上之有效方法。本學院教學廣州話，經驗有素，其中可供大家參考者，有下列幾項：

　　對話與故事：內容盡量採用活現情境。教師先將課文以通常口氣及自然速度，向學生演讀，注意其領會與否之反應表示。隨即囑學生將其中情節片段用英語說出，繼而聯貫起來。教師於是可再將原文演讀一次，偶而中止，令一學生將所演讀之內容譯爲英語，藉以測驗其領會與否。此法在第六課以後應用，最爲有效。

　　生字：每一生字，除名詞外，均各附有例句，以供練習之用。教師於考問學生時，不可僅問一字之意義，宜令其舉例作答。教師亦可就生字臨時另造新例句，以爲曉示，但原字之其他意義或用法，不在課材範圍之內者，自應避免。

　　例句：此乃課材中最重要之部份。學習此項例句，不獨要音調正確，而且要出口自然。學生應就每組例句中至少將兩三句記得純熟。練習例句時，教師須令學生隨聲學習，使其說得自然。隨後教師可與學生作問答式練習，或說二句敍述話，令學生變換爲問話。遇有例句，含動作意義者，則令學生照做一動作，在其動作之前，問其正想作何舉動，在其動作之後，再問其已經作何舉動。此種練習方法，以在第十二課以後應用爲宜。

　　譒譯：每課最後一部份有一組英文句，須由學生在自修時譯爲廣州話，再交教師閱正。如有錯誤，教師應使學生明白錯處所在。此外，學生並須就每課中之例句，將拼音一行遮蓋，只看英語句解而譯成廣州話，隨即揭開，自行查對有無錯誤。

　　依此教授法，每課需要八小時至十小時面授，加以同樣時間自修。學生不宜專憑課本，應依口音純正之教師之領導。本學院備有課材錄音片，爲學生自習之輔助工具。

關於教師與學生在上課時應注意之要訣，有下列幾點，可提供參照：

教師要訣：

一、不宣讀課文，應先記在心，依通常速度，將課文自然說出。

二、先令學生細聽發音，使其隨聲仿傚，務求說得正確，然後再說他
　　再聽。

三、熟記生字句法，避免課外字句。

四、少說他種話，多說廣州話。

學生要訣：

一、新學字句，須留心靜聽發音，先聽清楚，然後發音。

二、注視教師，動口默傚，不看課本，除非必要。

三、單字不易記，成語容易記。

四、每組例句，定要死記，磨練到熟，至少兩句，隨時隨地，可說兩
　　句。

五、學習語言，要記憶力。記憶方法，最好係每次用心記憶時，時間
　　不可過長，一次不能達到目的，隔一些時，然後再記，行之數次
　　，必然有效。

六、少說他種話，多說廣州話。

關於語音方面，有一點應予說明：粵語以廣州話爲正宗。廣東西半部
，與廣西南半部所說粵語，與廣州話略有不同。本書未便博取兼收，故採
用廣州市方言爲標準。

　　本書另附習字帖一套，係依書中每課生字順序寫爲模範字，以數目字加註筆劃先後次序，並附有關說明。學生可憑此學習寫字與識字。習字應與閱讀同時並進，以其兩效同收。

　　廣州話既爲一種方言，本書內容字句，力求通俗。有若干俗字借字，亦列入字帖中，寫爲較小字體，以資識辨。

　　中國應用文有文言與白話文（卽語體文）兩種，中國人無論說何種方言，皆一律通用。全國人士，說各別方言，但所讀所寫，不是文言文，就是白話文。說國語者把話寫出來，就是白話文；說廣州話者則無此便利。凡用此教本學廣州話者，所識字句，除俗字借字外，均能應用於閱讀行文。所缺少者，是相當於廣州話俗用字之國語字眼。此種字眼不多，當另編對照表，以供查考。

　　本書雖在本學院試用有年，仍恐未臻完備，尙希讀者隨時指正爲幸。

一九七四年六月黃伯飛序於

耶魯大學遠東出版社

目　　　　錄

序　　言 …………………………………………………… III — VIII

第 一 課 …………………………………………………… 1 — 3

第 二 課 …………………………………………………… 4 — 6

第 三 課 …………………………………………………… 7 — 11

第 四 課 …………………………………………………… 12 — 17

第 五 課 …………………………………………………… 18 — 23

第 六 課 …………………………………………………… 24 — 31

第一至第六課　溫習 ……………………………………… 32 — 36

第 七 課 …………………………………………………… 37 — 45

第 八 課 …………………………………………………… 46 — 53

第 九 課 …………………………………………………… 54 — 60

第 十 課 …………………………………………………… 61 — 67

第十一課 …………………………………………………… 68 — 75

第十二課 …………………………………………………… 76 — 81

第七至十二課　溫習 ……………………………………… 82 — 89

第十三課 …………………………………………………… 90 — 102

第十四課 …………………………………………………… 103 — 112

第十五課 …………………………………………………… 113 — 124

第十六課 …………………………………………………… 125 — 136

第十七課 …………………………………………………… 137 — 148

第十八課 …………………………………………………… 149 — 160

第十三至十八課　溫習 …………………………………… 161 — 165

第十九課 …………………………………………………… 166 — 176

第二十課 …………………………………………………… 177 — 188

第廿一課 . . . . 189 — 201

第廿二課 . . . . 202 — 213

第廿三課 . . . . 214 — 226

第廿四課 . . . . 227 — 241

第十九至二十四課　温習 . . . . 242 — 250

Vocabulary List . . . . 251 — 298

第 一 課

對 話

1.　A：你好嗎？　　　　　3.　A：佢好瘦吖？
　　B：我好，你好嗎？　　　B：佢唔係好瘦。
　　A：我好好。　　　　　　A：你瘦嗎？
2.　A：我高嗎？　　　　　　B：我唔瘦。
　　B：你唔高。　　　　4.　A：佢靚唔靚呀？
　　A：佢高嗎？　　　　　　B：佢靚。
　　B：佢好高。　　　　　　A：好靚吖？
　　A：你高嗎？　　　　　　B：好靚。
　　B：我太高。

生 字

我　　　你　　　佢　　　我哋　　　你哋　　　佢哋
高　　　靚　　　好　　　瘦　　　太　　　好　　　幾
唔　　　唔係　　嗎？　　呀？　　吖（!?）

例 句

I

1.　我瘦。　　　　　2.　你高。
3.　佢好。　　　　　4.　我唔高。

5.　你靓。　　　　　6.　佢唔瘦。
7.　佢哋靓。　　　　8.　我哋唔瘦。
9.　你哋唔高。　　　10.　我哋唔靓。

II

1.　我太高。　　　　　2.　你好靓。
3.　佢好瘦。　　　　　4．佢幾靓。
5.　我唔係幾高。　　　6.　我哋太瘦。
7.　佢哋幾靓。　　　　8.　佢哋唔係好靓。
9.　你哋太高。　　　　10.　佢哋唔係好好。

III

A.　1.　你好嗎？　　　　　我好。
　　2.　你哋幾好嗎？　　　我哋幾好。
　　3.　佢幾好嗎？　　　　佢幾好。
　　4.　佢靓嗎？　　　　　唔靓。
　　5.　佢幾靓嗎？　　　　佢唔係幾靓。
　　6.　佢哋瘦嗎？　　　　佢哋唔係幾瘦。
　　7.　我高嗎？　　　　　你好高。
　　8.　你哋瘦嗎？　　　　我哋好瘦。

B.　1.　佢高唔高呀？　　　　佢高。
　　2.　你哋瘦唔瘦呀？　　　我哋唔瘦。
　　3.　佢靓唔靓呀？　　　　佢幾靓。
　　4.　你高唔高呀？　　　　我唔係幾高，佢高。

5.　我高唔高呀？　　你好高。
6.　你瘦唔瘦呀？　　我好瘦。
7.　佢哋瘦唔瘦呀？　佢哋唔係幾瘦。
8.　佢哋高唔高呀？　佢哋好高。

C.1.　你瘦嗎？　瘦。　　你好瘦吖？　我好瘦。
2.　你哋好嗎？我哋好。　好好吖？好好。
3.　佢靚唔靚呀？佢好靚。　佢好靚吖？好靚。
4.　佢高嗎？唔高　　佢唔高吖？佢唔高。
5.　佢瘦嗎？瘦。　佢好瘦吖？唔係好瘦。

第　二　課

對　話

A：你買報紙吖!?　　　　　　B：我唔買報紙。

A：你睇唔睇報紙呀?　　　　B：我唔睇報紙，我睇書。

A：你買唔買書呀?　　　　　B：書貴唔貴呀?

A：書唔貴。　　　　　　　　B：美國書貴嗎?

A：美國書貴。　　　　　　　B：中國書貴唔貴呀?

A：中國書唔貴，你要　　　　B：我要。
　　（中國書）嗎?

A：G先生都要書吖!?　　　　B：書，報紙，佢都要。

生　字

書(本)　　　報紙(份)　　　中國　　　美國　　　　貴

買　　睇　　要　　都　　早晨　　貴姓呀?

再見　　我姓黃

例　句

I

1.你買書嗎?　　我唔買書。

2.你唔睇書吖?　　我唔睇書，我睇報紙。

3.你買報紙嗎?　　我買。

4.　你買中國報紙吖？
5.　我唔買中國報紙，我買美國報紙。
6.　佢要報紙嗎？
7.　佢唔要報紙，佢要書。
8.　你哋唔睇中國報紙吖？　　我哋唔睇中國報紙，我哋睇美國報紙。
9.　佢哋唔買美國書吖？　　佢哋唔買美國書，佢哋買中國書。
10.　你哋買書嗎？　　我買書，佢買報紙。

II

1.　你買唔買書呀？
2.　佢要唔要報紙呀？
3.　你睇唔睇中國書呀？
4.　佢買唔買美國報紙呀？
5.　你要唔要中國報紙呀？
6.　佢睇唔睇美國書呀？
7.　你哋要唔要美國書呀？
8.　佢哋買唔買中國報紙呀？
9.　你哋睇唔睇中國報紙呀？
10.　佢哋要唔要中國書呀？

III

1.　我好，佢都好。
2.　你靚，佢都靚。

3. 中國書貴，美國書都貴。
4. 你買書，我都買書。
5. 我唔要報紙，你哋都唔要報紙吖？
6. 佢哋唔睇報紙，你哋都唔睇報紙吖？
7. 我好瘦，佢都好瘦。
8. 你都好瘦吖。
9. 報紙唔係幾貴，書都唔係幾貴。
10. 你幾好嗎？佢都幾好嗎？

第 三 課

對　話

A：你有冇筆呀？　　　　　　　B：我有（筆）。

A：你有幾多枝呀？　　　　　　B：我有兩枝（筆）。

A：（你有）兩枝中國筆呀？　　B：一枝中國筆，一枝美國
　　　　　　　　　　　　　　　　筆。

A：你買鐘嗎？　　　　　　　　B：唔買鐘，我買錶。

A：你要幾多個錶呀？　　　　　B：一個

A：你要柺唔要呀？　　　　　　B：我有三張柺，我唔要
　　　　　　　　　　　　　　　　柺。

A：你有椅冇呀？　　　　　　　B：冇。

A：你買唔買椅呀？　　　　　　B：買。

A：你要幾多張椅呀？　　　　　B：兩張。

A：你有中國書嗎？　　　　　　B：我有。

A：你有幾多本（中國書）　　　B：六本。
　　呀？

生　字

一	二	三	四	五	六	七	八
九	十	廿	卅	兩	幾（多）		鐘
錶	筆（枝）	柺（張）	椅（張）		個		本
張	枝	有	冇	第幾課呀？		第三課	

例　句

I

1. 幾多個鐘呀？
一個鐘。
兩個鐘。
三個鐘。
四個鐘。
五個鐘。

2. 幾多個錶呀？
六個錶。
七個錶。
八個錶。
九個錶。
十個錶。

3. 幾多張椅呀？
一張椅。
兩張椅。
三張椅。
四張椅。
五張椅。

4. 幾多張枱呀？
六張枱。
七張枱。
八張枱。
九張枱。
十張枱。

5. 幾多張紙呀？
一張紙。
三張紙。
五張紙。
七張紙。
九張紙。

6. 幾多枝筆呀？
兩枝筆。
四枝筆。
六枝筆。
八枝筆。
十枝筆。

7. 幾多本書呀？
一兩本書。
三四本書。
五六本書。
七八本書。

II

1. 個個錶都好貴。
2. 張張枱都冇椅。
3. 枝枝筆都唔好。
4. 張張報紙我都睇。
5. 本本書都唔係好好。
6. 個個（人）都買書。
7. 個個都好高，好靚。
8. 個個都唔係太瘦。
9. 個個都要兩本書。
10. 個個都買一張報紙。

III

A. 1. 佢有幾多個錶呀？
   2. 你要幾多本書呀？
   3. 佢買幾多張報紙呀？
   4. 你哋有幾多枝美國筆呀？
   5. 佢哋有幾多張枱呀？
   6. 你哋有幾多枝筆呀？
   7. 佢有幾多張中國椅呀？
   8. 你睇幾多張報紙呀？
   9. 佢哋有幾多本中國書呀？
   10. 你哋要幾多張美國報紙呀？

B．1．　佢要七張椅。
　2．　我買六本書。
　3．　佢有兩張報紙。
　4．　我哋有三個鐘。
　5．　佢哋要十枝筆。
　6．　我哋買四張枱。
　7．　佢冇錶。
　8．　我哋有一個鐘，兩個錶。
　9．　佢哋要三張美國報紙。
10．　我哋冇中國書。

Ⅳ

1—10	11—20	21—30
一	十一	廿一
二	十二	廿二
三	十三	廿三
四	十四	廿四
五	十五	廿五
六	十六	廿六
七	十七	廿七
八	十八	廿八
九	十九	廿九
十	二十	三十

31−40	41−50	51−60
卅一	四(ah)一	五(ah)一
卅二	四(ah)二	五(ah)二
卅三	四(ah)三	五(ah)三
卅四	四(ah)四	五(ah)四
卅五	四(ah)五	五(ah)五
卅六	四(ah)六	五(ah)六
卅七	四(ah)七	五(ah)七
卅八	四(ah)八	五(ah)八
卅九	四(ah)九	五(ah)九
四十	五 十	六 十

61−70   六(ah)一·········七十

71−80   七(ah)一·········八十

81−90   八(ah)一·········九十

91−99   九(ah)一·········九(ah)九

第 四 課

對 話

A： 邊個呀？

B： 我，我要買鐘。

A： 你要買幾多個呀？

B： 我要買兩個。

A： 兩個大鐘吖？

B： 大鐘貴唔貴呀？

A： 大鐘好貴，但係呢個（大鐘）唔係好貴。

B： 細鐘呢？

A： 細鐘唔貴。

B： 請你畀一個大鐘，一個細鐘我。

B： 我要買一枝中國筆你有冇呀？

A： 我冇筆，但係我有枱，有椅，你要嗎？

B： 呢張枱貴唔貴呀？

A： 呢張好貴，嗰張唔貴。

B： 但係嗰張枱太細，呢張呢？

A： 呢張唔係好貴，你要邊張呀？

B： 我要呢兩張，但係唔要嗰張。

A： 你唔中意嗰張吖？

B： 我中意嗰張，但係嗰張太貴。

生　字

人　　朋友　　邊　　呢　　嗰　　大　　細
昇　　中意　　請　　唔該　　呢　　但係　　幾

常　用　句

唔該　唔該晒　唔使唔該　好話　多謝（你）
多謝晒　唔使客氣　有心　………好嗎。

例　句

I

A.　1.　邊本書呀？　嗰本書。
　　2.　邊張枱呀？　呢張。
　　3.　邊個朋友呀？　嗰個朋友。
　　4.　邊個呀？　我。
　　5.　邊枝筆呀？　呢枝。
　　6.　邊本書貴呀？　呢本貴。
　　7.　邊個人好靚呀？　嗰個人。
　　8.　邊個朋友瘦呀？　嗰個朋友。
　　9.　邊個高呀？　呢個高。
　10.　邊個錶貴呀？　嗰個錶貴。
　11.　你要邊本書呀？我要呢本。
　12.　佢睇邊張報紙呀？　佢睇嗰張。
　13.　你買邊枝筆呀？呢枝。
　14.　你要唔要嗰個鐘呀？　我唔要。
　15.　你要嗰枝筆唔要呀？　要。

B．1．　邊三張報紙呀？　　呢三張。
　　2．　邊四本書呀？　　呢四本書。
　　3．　邊兩個人呀？　　呢兩個。
　　4．　邊幾本書呀？　　呢幾本。
　　5．　邊五張枱呀？　　咽五張。
　　6．　邊幾本書貴呀？　　呢三本書貴，（但係）咽四
　　　　本唔貴。
　　7．　邊幾枝筆貴呀？　　呢十枝貴，（但係）咽十枝
　　　　唔貴。
　　8．　邊幾張椅大呀？　　呢兩張椅大，（但係）咽兩
　　　　張細。
　　9．　邊幾個鐘大呀？　　呢四個鐘大，（但係）咽兩
　　　　個鐘細。
　10．　你買邊幾枝筆呀？　我買咽兩枝，唔買呢兩枝。

C．1．　你咽本書貴唔貴呀？　　我咽本書好貴。
　　2．　你咽幾本書貴唔貴呀？　我咽幾本書唔係好貴。
　　3．　你本書貴唔貴呀？　　我本書好貴。
　　4．　你咽個朋友高唔高呀　我咽個朋友好高。
　　5．　你咽個朋友有冇錶呀？　我呢個朋友有。
　　6．　你咽個朋友瘦嗎？　　我個朋友唔係好瘦。
　　7．　你個朋友靚唔靚呀？　　我個朋友好靚。
　　8．　佢枝筆貴唔貴呀？　　佢枝美國筆唔係好貴。
　　9．　佢邊個錶貴呀？　　佢咽個美國錶貴。
　10．　佢邊一個鐘貴呀？　　咽一個貴。

II

1. 佢畀本書邊個呀？　佢畀本書我。
2. 佢畀本書你吖？　佢畀本書我。
3. 佢畀個錶你吖？　佢畀個錶我。
4. 佢唔畀個錶你吖？　佢唔畀個錶我。
5. 邊個畀個鐘你呀？　佢畀個鐘我。
6. 邊個畀張枱佢呀？　我畀張枱佢。
7. 你畀張椅邊個呀？　我畀張椅佢。
8. 唔該你畀張報紙我。　好，我畀張報紙你。
9. 請你畀枝筆佢。　我畀枝筆佢。
10. 唔該你畀兩張椅佢。
11. 請你畀幾本書我。
12. 唔該你畀一張枱嗰個人。
13. 我畀兩枝筆佢個（或：嗰個）朋友。
14. 唔該你畀三本書我嗰個朋友。
15. 你畀唔畀個鐘我個（或：嗰個）朋友呀？

III

1. 呢本書好嗎？唔好，嗰本呢？嗰本好。
2. 你好嗎？我幾好，你呢？我都好。
3. 呢枝筆唔好，嗰枝呢？嗰枝好。
4. 我唔睇報紙，你呢？我都唔睇。
5. 我冇錶，你呢？我冇，佢冇。

<u>IV</u>

A：黃先生你幾好嗎？

B：好，有心。

A：你睇中國書嗎？

B：我睇。

A：我畀呢本書你，你要嗎？

B：多謝你！

A：唔使客氣！

B：你睇報紙嗎？

A：我睇，唔該你畀（一）張我好嗎？

B：我畀張中國報紙你好嗎？

A：好，唔該！

B：好話！

A：唔該你畀（一）本中國書我，好嗎？

B：我冇中國書，你要呢本美國書嗎？

A：唔該！美國書都好，我都中意睇美國書。

B：你睇美國報紙嗎？我畀呢張你，你要嗎？

A：多謝！多謝！

B：唔使客氣。

請繙譯下列各句：

1. 請你畀一本書我。邊本呀？嗰本。

2. 你有幾多個中國朋友呀？三個。

3. 嗰個人買兩張大枱。

4. 我呢個朋友睇美國報紙。
5. 你邊個朋友畀錶我呀？
6. 佢邊兩個朋友買嗰兩本書呀？
7. 你買邊個錶呀？我買呢個。
8. 呢張椅唔係太大，嗰張都唔係太大。
9. 你嗰個朋友高唔高呀？
10. 佢畀呢枝筆邊個呀？
11. 佢畀呢枝筆嗰個朋友。
12. 呢枝筆貴嗎？呢枝筆唔貴，嗰枝貴。
13. 你呢兩個朋友，邊個高呀？呢個高。
14. 你中意呢張椅嗎？ 我唔中意呢張，我中意嗰張。
15. 我畀呢張椅你嗰個朋友。
16. 你瘦嗎？我唔瘦，但係我個朋友瘦。
17. 中國人有美國筆，但係美國人冇中國筆。
18. 你睇報紙嗎？唔睇，佢都唔睇。
19. 你買書嗎？唔買。你個朋友呢？佢都唔買。
20. 我哋中意呢個人，但係佢唔中意。

第 五 課

對 話

A：先生你貴姓呀？

B：我姓張，你呢？

A：我姓黃，張先生，咽個人係邊個呀？

B：咽個係我一個朋友。

A：你咽個朋友姓乜嘢呀？

B：佢姓李。黃先生，你係唔係中國人呀？

A：係，我係中國人。張先生，你呢？

B：我係美國人。

A：李先生呢，佢都係美國人吁？

B：係，我哋兩個都係美國人，黃先生你有細蚊仔嗎？

A：有，我有三個細蚊仔。

B：黃太太好嗎？

A：佢好好，有心，你太太呢？佢好嗎？

B：有心，佢都好好。

A：你知咽個係邊個嗎？

B：唔知，李先生，你知唔知呀？

C：我知，佢係陳小姐，佢要咽幾本書。

B：佢要邊幾本書呀？

A：佢要咽幾本中國書。

生　字

先生（位，個）太太（位，個）小姐（位，個）細蚊仔
嘢　　陳　　第　　第二　　李　　張　　黃
係　　姓　　乜（嘢）　　知（道）

常 用 句

請你再講一次。　　　　啱嗎？　　　　啱，啱喇，唔啱。

例　　句

I

1. A：佢高唔高呀？　　　　B：佢好高。
　 A：佢係唔係好高呀？　　B：佢係好高。
2. A：佢係唔係好高呀？　　B：係，佢好高。
　 A：佢係好高吖？　　　　B：佢係好高。
3. A：佢要唔要筆呀？　　　B：佢唔要筆。
　 A：佢係唔要筆吖？　　　B：佢係唔要筆。
4. A：黃先生有冇細蚊　　　B：黃先生有細蚊仔。
　 　仔呀？
　 A：黃先生有幾多個　　　B：…………
　 　細蚊仔呀？
　 A：黃先生係唔係有　　　B：黃先生係有兩個細蚊
　 　兩個細蚊仔呀？　　　　 仔。

II

1.　你係邊個呀？我係黃先生。

2. 呢個係乜嘢呀？呢個係錶。

3. 佢姓乜（嘢）呀？佢姓陳。

4. 邊位係張太太呀？嗰位係張太太。

5. 你係唔係姓李呀？我唔係姓李，我姓黃。

6. 嗰本係唔係美國書呀？嗰本唔係美國書，嗰本係中國書。

7. 邊個姓張呀？嗰個姓張。

8. 你係唔係陳先生呀？唔係，我姓黃。

9. 嗰個（人）係邊個呀？嗰個係黃先生。呢個呢？呢個係陳小姐。

10. 呢個係唔係鐘呀？唔係，呢個唔係鐘，呢個係錶。

11. 邊枝係中國筆呀？嗰枝係中國筆。

12. 邊張係美國報紙呀？呢張。

13. 你哋邊個係美國人呀？我哋個個都唔係。

14. 你哋唔係美國人，你哋係唔係中國人呀？

15. 呢兩本係唔係中國書呀？　呢兩本都唔係中國書。

III

A. 1. 嗰三本書，第一本第二本都係中國書，第三本係美國書。

2. 第一個係美國人，第二個唔係美國人，第三個係中國人，第四個⋯⋯，第五個⋯⋯

3. 呢七張枱，我中意第六張（或：第六嗰張）。

4. 我唔係第一個，我係第二個。

5. 第一張椅太大，第二張（椅）太細，第三張我好
   中意，但係⋯⋯⋯

B. 1. 我唔中意呢本書，請你畀第二本我。

2. 你唔中意呢枝筆，我畀第二枝你。

3. 你有冇第二個朋友呀？

4. 你張枱太大，你有冇第二張呀？

5. 我知道佢係黃先生，我唔知道第二個係邊個。

練　習

1. 你瘦嗎？　我瘦。
   你好瘦吖？　我唔係好瘦。
   佢呢？　佢都瘦。

2. 枱貴嗎？　張張枱都貴。
   椅呢？　椅唔係幾貴。

3. 你貴姓呀？　我姓黃。
   佢呢？　佢都姓黃。

4. 你買書吖？　我唔買書，我買報紙。
   佢都買報紙吖？　佢唔買報紙，佢買筆。
   佢要幾多枝呀？三枝吖？
   你呢，你要幾多張報紙呀？兩張吖？

5. 你有書嗎？　有。
   筆呢？　筆，我都有。
   你有幾多本書，幾多枝筆呀？
   六本書，六枝筆。

六本書，六枝筆吖？　　係，六本書，六枝筆。

6. 嗰個係邊個呀？　嗰個係陳太太。

   佢唔係張太太吖？　　唔係。

   嗰個呢？　嗰個都唔係張太太，佢係李太太。

7. 你係唔係李先生呀？　唔係，我姓黃。

   你姓黃吖？嗰個呢？　佢都姓黃。

   佢都唔係姓李吖？邊個係李先生呀？

   嗰個係李先生。

請繙譯下列各句：

1. 呢個係乜嘢呀？　呢個係大鐘。

2. 你有幾多個中國朋友呀？　八個。

3. 你嗰幾個朋友中意睇美國書嗎？

4. 佢哋唔中意睇美國書，佢哋中意睇中國書。

5. 呢個小姐姓乜嘢呀？　呢個小姐姓陳。

6. 請你畀呢枝筆李太太。

7. 呢個係乜嘢呀？　我唔知，你呢，你知唔知呀？

   我都唔知。

8. 我好中意呢個細蚊仔。

9. 呢個細蚊仔係唔係要中國筆呀？　唔係，佢要
   美國筆。

10. 你要唔要我呢本書呀？　我要。

11. 佢係唔係畀嘢我呀？　佢唔係畀嘢你。

12. 佢係唔係唔知道我姓乜呀？　佢係唔知。

13. 你知唔知邊個係黃先生呀？　我唔知。

14. 我知道第一個係張先生，第二個係李先生，第
     三個係黃先生。

15. 陳先生有四個細蚊仔，個個都好中意呢本書。

第 六 課

對　話

陳：黃先生你有錢嗎？

黃：有，你要幾多呀？兩個銀錢夠唔夠呀？

陳：你有五文嗎？我想買一本中國書。

黃：我畀十文你，請你買兩本，我都要一本。

陳：李先生，你賣書嗎？

李：賣，你想買乜嘢書呀？

陳：你有乜嘢書呀？

李：中國書，美國書，我都有。

陳：中國書貴唔貴呀？

李：有啲貴，有啲唔係幾貴。

陳：邊啲貴，邊啲唔貴呀？

李：新嘅貴，舊嘅唔貴。

陳：呢本幾多錢呀？

李：六個銀錢一本。

陳：六個銀錢一本，咁貴吖？九文兩本，好嗎？

李：十文兩本，你要唔要呀？

陳：好，我買兩本。

李：多謝，多謝，再見。

陳：再見。

生　字

錢　有錢　銀　　銀錢(個)　　文　　毫子(個)
毫子(或：毫)　仙　　國　　多　少　　(一)啲
有(一)啲　　呢啲　　嗰啲　　邊啲　　半　一半
零　百　想　賣　咁　嘅　千　萬　夠　夠錢
舊　新　一　半個　一個半　　三個半　三個半個

例　句

I

1.　我嘅書。
2.　邊個㗎？
3.　你哋朋友嘅。
4.　黃先生嘅細蚊仔。
5.　嗰個人嘅鐘。
6.　呢本書係我嘅。
7.　嗰個係我朋友。
8.　我哋嘅朋友都係中國人。
9.　呢個細蚊仔係唔係黃先生㗎？
10.　嗰個鐘係陳小姐嘅，唔係我嘅。
11.　你朋友嘅太太有冇筆呀？
12.　呢個錶係唔係你朋友㗎？
13.　嗰張報紙係邊個㗎？

14.   嗰個人嘅細蚊仔靚嗎？
15.   佢係邊個嘅朋友呀？

II

1.   一張大枱。
2.   兩張細嘅。
3.   好新嘅。
4.   大枱貴，細枱唔貴。
5.   我要兩個細嘅，唔要大嘅。
6.   佢哋個個都唔係有錢人。
7.   呢枝係一枝好靚嘅筆。
8.   高嘅細蚊仔姓陳，第二個(細蚊仔)姓李。
9.   嗰兩個細蚊仔，大嘅高，細嘅唔高。
10.   我要買兩個鐘，一個大嘅，一個細嘅。

III

一百	100
一百零一	101
一百零二	102
一百一十	110
一百一	110
一百二十一	121
一百廿一	121
二百	200
三百六十	360

三百六	360
七百四十二	742
一千	1,000
一千零一	1,001
一零零一	1,001
一千零一十	1,010
一千一百	1,100
八千七百六十五	8,765
一萬	10,000
一萬零一十	10,010
一萬零一百	10,100
一萬一千	11,000
十萬	100,000
十二萬	120,000
一百萬	1,000,000
一千萬	10,000,000
一萬萬	100,000,000
四萬萬伍千萬	450,000,000

IV

銀　錢	毫　子
一個銀錢	一毫子
兩個銀錢	兩毫子
三個銀錢	三毫子
四個銀錢	四毫子

五個銀錢	五毫子
六個銀錢	六毫子
七個銀錢	七毫子
八個銀錢	八毫子
九個銀錢	九毫子
十個銀錢	一個銀錢
幾（多）個銀錢呀？	幾（多）個毫子呀？

仙

一個仙
兩個仙
二個仙
三個仙
四個仙
五個仙
六個仙
七個仙
八個仙
九個仙
一毫子
幾（多）個仙呀？

一文	1.00
（一）個半	1.50
（一）個零五	1.05

(一)個一	1.10
兩個二	2.20
三個三	3.30
四個半	4.50
五個五毫六(子)	5.56
六個六毫七	6.67
七個七毫一	7.71
八個八毫二	8.82
九個九(毫)	9.90
十文	10.00
十一個二	11.20
十二個零三	12.03
二十一個二毫二	21.22
三十二個三毫四	32.34
四十五個六毫三	45.63
七十九個零七	79.07
八十八個九毫八	88.98
九十九個半	99.50
一百銀(或：文)	100.00

1.　你有錢嗎？　冇。

2.　你有幾(多)錢呀？　我有五ah文。

3.　呢個鐘幾多錢呀？　五文

4.　呢啲筆幾錢呀？　有啲兩文，有啲三文。

5.　邊啲兩文，邊啲三文呀？呢啲兩文一枝，　嗰啲三文一枝。

6. 呢本書賣幾錢呀？　呢本賣四個銀錢。

7. 呢個錶賣幾錢呀？　二十文。

8. 嗰個呢？　嗰個好貴，要七十文。　七十文咁貴吖？

9. 你有冇中國筆賣呀？　我有。　幾錢（一）枝呀？　兩毫半(子)一枝。

10. 呢張報紙係唔係四個仙呀？　唔係，係七個仙。

11. 呢啲書本本都賣兩文。你要幾多本呀？

12. 大錶，細錶，個個都賣二十文，　你中意邊個呀？

13. 我有九個仙，想買一張報紙，　唔知夠唔夠錢呢？　唔夠。

14. 你想要幾多錢呀？　我想要九十文。

15. 我冇九十文，五十文夠唔夠呀？　唔夠。

16. 你啲朋友有冇四十文呀？　佢哋有三十文。

17. 你第二啲朋友呢，佢哋有冇呀？

18. 嗰個姓黃嘅有啲，　嗰個姓李嘅有啲，　嗰個姓⋯⋯

19. 我哋有一百五ah文，我哋畀一百二十文你。

20. 我唔要咁多。　我哋畀一百文你，好嗎？　好，多謝，多謝。

請繙譯下列各句：

1. 你係邊國人呀？
2. 呢兩本書幾多錢呀？
3. 呢本七文，嗰本五個銀錢。
4. 你買咁多書，你夠唔夠錢呀？
5. 呢啲靚嘅，係邊個㗎？
6. 呢張大枱太舊，我唔想要，我想買張新嘅。
7. 呢枝筆係新嘅，嗰枝係舊嘅。
8. 第一張大枱係張先生嘅。
9. 請你畀呢個銀錢第三個細蚊仔。
10. 你有幾多本中國書呀？
11. 佢呢啲書，有啲係新嘅，有啲係舊嘅。
12. 李太太有兩個細蚊仔，大嘅好高，細嘅好靚。
13. 呢個錶係我朋友嘅，嗰個呢？
14. 一個銀錢有幾多毫子呀？幾多毫子係一個銀錢呀？
15. 一毫子有十個仙，十個仙係一毫子。
16. 嗰啲靚嘅筆太貴，枝枝都要(一)個幾銀錢。
17. 第一嗰枝唔係好筆，你要二十二文太貴。
18. 我畀一毫子你，你畀十個仙我，好嗎？
19. 呢個錶咁靚係邊個㗎？係唔係你㗎？
20. 呢張椅三文，嗰張枱六文，我夠錢買張椅，唔夠錢買張枱。

溫習　第一至第六課

I　故事

陳先生有七張枱，佢想張張都賣一百文，但係佢嗰七張枱：有啲大，有啲細，有啲新，有啲舊，黃先生中意嗰張新嘅，佢想買嗰張新嘅，李小姐中意嗰張細嘅，佢想買嗰張細嘅；張太太張張都唔中意。陳先生嗰張大枱好好，但係太大，冇人想買咁大嘅枱。陳先生嗰張舊嘅枱幾靚，但係太舊，冇人想買咁舊嘅枱。

II　對話

A　嗰個人係邊個呀？

嗰個人係呢個人嘅好朋友。

呢個人係邊個呀？

呢個係一個美國人。

佢姓乜（嘢）呀？

佢姓李。

佢朋友呢？

佢嘅朋友姓黃。

佢嘅朋友都係美國人吖？

唔係，佢嘅朋友係中國人。

佢哋要乜嘢呀？

佢哋想買(一)啲嘢。

佢哋想買乜嘢呀？

嗰個中國人想買一本美國書。

嗰個美國人呢？佢都想買美國書吖？

唔係，佢想買兩枝靚嘅中國筆。

B　陳先生，你好嗎？

好，你呢？

我都幾好，你太太好嗎？

佢都好好，有心。

呢啲細蚊仔係唔係你㗎？

有啲係，有啲唔係。

你有幾多個細蚊仔呀？

我有三個細蚊仔。

邊三個係你嘅細蚊仔呀？

呢三個，你係唔係有一個小姐呀？

係，我有一個。

我有一張美國報紙，你睇嗎？

多謝你，我都有美國報紙，我想睇中國報紙，　你有
　　中國報紙嗎？

我冇中國報紙，但係我有中國書，你要嗎？

C　你呢本書係唔係新㗎？

唔係，呢本書係舊嘅，你好中意睇中國書吖？

係，我好中意睇中國書，但係我冇中國書。

我知道黃先生有幾百本舊嘅中國書， 佢想賣嗰啲舊
　　書，你想唔想買幾本呀？

我想，但係唔知道嗰啲書貴唔貴呢？

唔係幾貴，一個銀錢一本，你知道邊個係黃先生嗎？

我知道，我想買十本，但係我唔夠錢， 你要幾多錢
　　呀？

我有五文。

我畀十五文你，請你買二十本。

你都想買呀？係，我都想買十本。

呢個黃先生係唔係你嘅朋友呀？

係，佢係我一個好朋友， 佢都賣鐘、錶、枱、椅、
　　你要買嗰啲嘢嗎？

我有嗰啲嘢，我唔想買。

D　　你係唔係黃先生呀？

係，我姓黃，你貴姓呀？

我姓周，黃先生，你係唔係賣舊嘅中國書呀？

係，你係唔係想買呀？

係，我想買兩本。

你買唔買枱椅呀？我大枱、大椅、細枱、細椅都
　　有？

多謝你，我唔買。呢張枱咁靚，要幾多錢呀？

十二個銀錢。

我好中意呢張枱，但係我想買書，我唔想買枱。

III　練習（一）

1.　邊個有筆呀？　　我有兩枝，佢有三枝。
2.　我知道你有好多錢，佢有五十個銀錢，我呢？
　　我有一毫子。
3.　我要一枝筆，兩本書，三張報紙。
4.　一枝筆兩毫半，兩本書四文，三張報紙九個仙。
5.　呢本舊書七十文太貴，我畀二十文你賣唔賣呀？
6.　唔該你畀嗰本書我好嗎？
7.　我唔要呢張報紙，唔該你畀第二張我，好嗎？
8.　你睇唔睇呢本書呀？你唔睇畀我睇，好嗎？
9.　呢枝筆太貴，我冇咁多錢，唔該（你）畀第二枝我好
　　嗎？
10　你知唔知佢中意邊枝筆呀？呢枝好靚，但係唔係幾
　　好，嗰枝好好，但係唔係幾靚，（我）唔知佢中意邊
　　枝呢？

練習（二）

A　一張報紙四個仙，兩張報紙八個仙，三張報紙幾多
　　錢呀？　　　三張毫二子。
　　四張呢？　　　四張毫六子。
　　五張呢？　六張呢？　七張呢？　八張呢？　　九張
　　呢？　十張呢？

B　　一本書五文，三本書幾（多）錢呀？

　　　　一張椅六文，兩張幾錢呀？

　　　　一個錶一百三十文，十個錶幾多錢呀？　　一百個錶幾多錢呀？

　　　　一張枱五十四文，兩張枱幾錢呀？

第 七 課

對　話

黃：你中意食唐餐嗎？

李：我好中意食唐餐。

黃：你啲細蚊仔呢？佢哋都中意嗎？

李：佢哋都好中意。

黃：你會講廣東話嗎？

李：我會講幾句啫，但係我啲細蚊仔會，佢哋讀中國書
　　會講廣東話。

黃：廣東話難唔難呀？

李：廣東話唔係幾難講，但係中國字好難寫。

黃：你啲細蚊仔會寫中國字嗎？

李：佢哋會寫一啲啫。

黃：你而家做乜嘢事呀？

李：我而家做生意。

黃：生意好嗎？

李：而家生意好難做。

生　字

寫　　　　　　　1.　你寫乜嘢字？
　寫字　　　　　2.　我寫中國字。

字	3． 邊幾個字靚呀？
	4． 呢幾個字靚。
畀錢	5． 邊個畀錢呀？
食	6． 你要食乜嘢呀？
食飯	7． 佢唔食飯吖？
飯(粒)	8． 呢啲係唔係飯呀？
飯(餐)	9． 嗰啲飯好好食。
	10． 你食幾多餐飯呀？
唐餐(餐)	11． 你食唐餐嗎？
	12． 唐餐係唔係好貴呀？
西餐(餐)	13． 我要食西餐，你呢？
	14． 我都要西餐。
餐(挺)	15． 你哋食邊挺餐呀？
餐(個)	16． 呢個餐貴唔貴呀？
唱	17． 邊個唱歌呀？
唱歌	18． 係唔係李小姐唱歌呀？
	19． 佢唱乜嘢歌呀？
歌(首)	20． 佢唱兩首中國歌。
	21． 你唱幾多首歌呀？
做	22． 佢做乜嘢事呀？
做事	23． 嗰啲人做乜嘢呀？
做生意	24． 你中意做生意嗎？
事(件)	25． 我做呢件事，你做嗰件事。
事幹、事情	26． 佢做邊件事呀？
生意(單、挺)	27． 呢單生意好做嗎？

讀	28. 佢做啲乜嘢生意呀？
讀書	29. 唔該你讀呢一個字。
	30. 我唔中意讀書。
	31. 佢唔讀書吖？
話	32. 我話你好靚。
	33. 我話呢張枱唔好。
	34. 佢話嗰本書唔好吖。
講	35. 佢講乜嘢呀？
講說話	36. 佢講佢好好。
	37. 佢哋講乜嘢呀？
講………知	38. 佢講我聽佢唔中意呢個錶。
講………聽	
說話（句）	39. 邊個講說話呀？
	40. 呢句唔係好說話。
話（種）	41. 佢講乜嘢話呀？
	42. 呢句說話係唔係中國話呀？
廣州　廣東	43. 你係唔係廣州㗎？
廣東話、廣州話	44. 佢講廣州話嗎？
而家	45. 你而家有錢嗎？
	46. 而家我冇錢。
	47. 你而家食吖？
難	48. 廣東話難唔難呀？
	49. 廣東話唔難。
	50. 中國字難唔難呀？
會	51. 佢會講廣東話嗎？

52. 佢唔會，我會。

53. 你會睇中國報紙嗎？

可以　54. 我可以食呢啲嘢嗎？

55. 你可以。

56. 我可以睇呢張報紙嗎？

要　57. 你要買乜嘢呀？

58. 我要買兩本書。

59. 我要睇呢本書吖？

得　60. 呢啲嘢食唔食得呀？

61. 呢啲食得，嗰啲唔食得。

62. 邊啲係食得㗎？

啫　63. 幾個銀錢啫。

64. 我要兩張椅啫。

65. 我有一個細蚊仔啫。

<h2 align="center">例　句</h2>

I

1. 你要買乜嘢呀？　我要買幾本書。

2. 你中意食(一)啲嘢嗎？　我中意。

3. 你想食乜嘢呀？　我想食唐餐。

4. 你好中意食唐餐吖？　我好中意食。

5. 邊個會唱歌呀？　李太太。

6. 佢會唱乜嘢歌呀？　中國歌，美國歌佢都會。

7. 佢會唱幾多首中國歌呀？　佢會唱五六首。

8. 佢可以畀嗰本書我嗎？　　可以。

9. 我可唔可以買呢本書嗎？　　唔可以，呢本書太貴。

10. 我可唔可以請佢食飯呀？　　可以，但係我知道佢中意食唐餐。

II

1. 佢話呢本書太難，佢唔讀得。
2. 我唔夠錢，唔買得嗰本書。
3. 呢張報紙我睇得嗎？
4. 呢張椅太舊，唔畀得你。
5. 嗰個錶唔係佢嘅，佢唔賣得。
6. 佢做得邊件事呀？　　佢件件事都做得。
7. 我哋而家可以唱歌嗎？　　佢哋而家讀書，你哋唔唱得歌。
8. 你會做呢件事嗎？　　我會做，但係我而家太瘦，我唔做得。
9. 你有兩枝筆，你畀呢枝我，得唔得呀？
10. 呢張報紙唔係幾好，你唔睇(佢)得唔得呀？　　唔得，我張張都要睇。
11. 我講佢知，得唔得呀？
12. 唔得，你而家唔講得佢知！

III

1. 嗰首歌好唱嗎？
2. 呢啲字難寫嗎？

3. 唐餐好食。
4. 邊件事（幹）好做呀？
5. 呢本書好（睇）唔好睇呀？
6. 呢本書好睇。
7. 美國餐好（食）唔好食呀？
8. 嗰啲字難唔難寫呀？
9. 嗰單生意好（做）唔好做呀？
10. 呢件事難做，嗰件事好做。

IV

1. 張先生，你有幾多個細蚊仔呀？ 我有一個啫。
2. 你講廣州話嗎？　 我唔會講好多，我會講一兩句啫。
3. 你哋要幾多錢呀？　 佢要十文，我要五文啫。
4. 你要乜嘢呀？　 我要一張枱。　 椅呢？
   我要枱啫，唔要椅。
5. 你會寫呢啲字嗎？　 我會寫幾個啫。

V

1. 呢本書要幾多錢呀？
   嗰張枱要幾多錢呀？
   要咁多錢，我唔買。
   要一百文一個。
2. 你要幾多本呀？
   佢要好多椅呀？

　　　呢本三文你要唔要呀？
　　　我要呢個錶，咽個鐘。
3.　你想要啲乜嘢呀？
　　　你想唔想要呢本書呀？
　　　你想要一張椅吖？
　　　我想要一枝中國筆，唔想要一枝美國筆。
4.　我要買呢本書。
　　　你要講佢知吖？
　　　佢要做呢件事。
　　　佢要食啲乜嘢呀？
5.　黃先生要唱乜嘢歌呀？
　　　你要食啲乜嘢呀？
　　　佢要買啲乜嘢呀？
　　　你要睇乜嘢書呀？

Ⅵ

1.　講說話：
　　　佢中意講說話。
　　　佢唔講說話吖？
　　　請你講呢句說話。
　　　邊個講說話呀？
2.　睇書：
　　　你中意睇書嗎？
　　　你中意睇書吖？
　　　佢中意睇乜嘢書呀？

　　我要睇兩本書。

3.　讀書：

你中意讀書嗎？

嗰個細蚊仔好中意讀書。

你讀呢本書吖？

4.　寫字：

你會唔會寫字呀？

我會寫兩三個(字)啫。

5.　食飯：

你唔食飯吖。

食飯唔難，做事難。

我中意食飯，唔中意做事。

6.　畀錢：

邊個畀錢呀？

李先生畀錢吖？

陳先生唔畀錢。

陳先生畀錢。

7.　唱歌：

邊個唱歌呀？

邊個要唱歌呀？

李小姐要唱歌。

李小姐唱乜嘢歌呀？

李小姐唱一首中國歌。

8.　做事：

我唔做事好唔好呀？

唔好。

佢唔知佢中意做乜嘢事。

你做生意好唔好呀？

9.　買嘢：

佢要買嘢。

佢要買啲乜嘢呀？

佢要買好多嘢。

請答下列問題：

1.　可以做呢件事嗎？

2.　你想食啲嘢嗎？

3.　佢中意睇書嗎？

4.　你呢？你中意睇乜嘢書呀？

5.　你哋中唔中意食唐餐呀？

6.　你嗰個朋友會唔會講廣東話呀？

7.　你會唱呢首歌嗎？

8.　你要買乜嘢呀？

9.　嗰件生意好做唔好做呀？

10.　你會寫幾多個中國字呀？

11.　中國字難唔難寫呀？

12.　你而家要讀書嗎？

13.　呢本中國書你讀得嗎？

14.　你畀呢個錶我得唔得呀？

15.　你有幾多錢呀？　你而家買得嗰張枱嗎？

第　八　課

故　事

　　我有一個朋友姓周，　周先生係教書嘅，佢有好多學生，佢嗰啲學生有啲係中國人，有啲係美國人，　因爲周先生好會教書，所以佢嗰啲學生好中意佢。

　　周先生係美國人，但係佢太太係中國人，　周太太好會煮中國飯，佢煮嘅飯都好好食，　我好中意食佢煮嘅中國飯。

　　周先生周太太有兩個細蚊仔，大嘅係仔，細嘅係女，佢呢兩個細蚊仔都好大囉，佢哋兩個都好聰明，　大嘅而家唔讀書喇，細嘅重讀。嗰個細嘅好會唱歌，　佢唱嗰啲歌好好聽，我好中意聽佢唱嗰啲歌，嗰個大嘅好會講中國話，佢亦會睇中國書，嗰個細嘅而家讀中國書，　但係佢而家重唔會講中國話。

生　字

周	1.　周先生你好嗎？
	2.　周太太有三個細蚊仔。
仔	3.　佢有幾多個仔呀？
	4.　呢個係唔係陳太太嘅仔呀？
女	5.　佢係邊個嘅女呀？

女	6. 嗰個女先生姓乜嘢呀？
學生	7. 佢係邊個嘅學生呀？
	8. 黃先生有幾多個學生呀？
英文	9. 佢會唔會講英文呀？
中文	10. 邊個會讀中文呀？
大人	11. 兩個大人，一個細蚊仔。
	12. 嗰個大人係邊個呀？
位	13. 你位小姐中意唱歌嗎？
	14. 你嗰兩位朋友貴姓呀？
聽	15. 你中意聽唱歌嗎？
	16. 我好中意聽唱歌。
	17. 你中意聽乜嘢歌呀？
煮	18. 你會煮飯嗎？
煮飯	19. 我會煮西餐。
	20. 你唔會煮唐餐吖。
教	21. 你中(意)唔中意教書呀？
教書	22. 我會講英文，唔會教英文。
	23. 邊個教你哋講廣東話呀？
聰明	24. 佢啲細蚊仔聰明嗎？
	25. 個女好聰明，個仔唔係幾聰明。
	26. 佢啲細蚊仔個個都好聰明吖？
亦	27. 佢會講中國話，亦會寫中國字吖？
亦都	28. 係，佢會講亦會寫。
	29. 唐餐我亦都中意食。

重	30.	你重唔知吖？
	31.	我重唔知。
	32.	你重有嗎？
因爲	33.	因爲你冇錢吖？
	34.	係，因爲我冇錢。
	35.	因爲中國話太難，所以我唔會講。
	36.	我唔會寫中國字，因爲….
所以	37.	因爲嗰本書太貴，所以我唔買。
因爲A，所以B	38.	因爲佢唔會，所以我教佢。
	39.	因爲呢件事好難做，所以我唔會做。
囉，喇	40.	個個都大喇，會寫字喇。
	41.	個個都好大囉，會做生意囉。
	42.	我而家會講廣州話喇。
罅	43.	佢啲細蚊仔好大罅。
	44.	佢唔唱囉。
	45.	你哋唔食罅。

常 用 句

請用英文寫呢幾句說話。
請用英文講呢幾句說話。
請用廣東話講呢幾句說話。
請用廣東話答。

例　句

I

A1.　要買嘢嘅人⋯⋯

2.　會寫字嘅細蚊仔⋯⋯

3.　中意讀書嘅學生⋯⋯

4.　會講中國話嘅人⋯⋯

5.　會教書嘅先生⋯⋯

6.　會買嘢嘅人個個都中意呢張枱。

7.　佢哋係會唱中國歌嘅細蚊仔。

8.　中意讀書嘅學生都係好學生。

9.　會寫字嘅中國人都會睇書。

10.　會講中國話嘅美國人好少。

11.　學生都中意會教書嘅先生。

12.　我有好多個中意食唐餐嘅美國朋友。

13.　佢哋都係會睇中國報紙嘅美國學生。

14.　我唔中意教唔中意唱歌嘅細蚊仔。

15.　佢哋都係會煮飯嘅太太。

B1.　佢哋睇嘅報紙⋯⋯

2.　嗰個人做嘅事幹⋯⋯

3.　嗰位太太煮嘅飯⋯⋯

4.　嗰位小姐唱嘅歌⋯⋯

5.　呢個細蚊仔食嘅飯⋯⋯

6.　嗰個細蚊仔會寫嘅字好多。

7.　學生中意讀嘅書都太貴。

8.　我唔會寫中國人會寫嘅字。
9.　呢個人要買嘅嘢係乜嘢呀？
10.　佢要讀嗰個先生教嘅書。
11.　佢買嘅嘢都好貴。
12.　李小姐會唱嘅歌都係中國歌。
13.　我好中意食佢煮嘅中國飯。
14.　佢做嘅事我唔做得。
15.　呢個人講嘅話係英文。

Ⅱ

A1.　講說話嗰個人⋯⋯
2.　會寫字呢個細蚊仔⋯⋯
3.　中意讀書嗰啲學生⋯⋯
4.　要買嘢嗰個先生⋯⋯
5.　會教書嗰個先生⋯⋯
6.　講說話嗰個人係我嘅好朋友。
7.　會寫字呢個細蚊仔好聰明。
8.　中意讀書嗰啲學生都係好學生。
9.　要買嘢嗰個大人係邊個呀？
10.　會教書嗰個先生要食飯嗎？
11.　會講中國話嗰個美國人係周先生。
12.　我唔中意教唔中意唱歌嗰啲細蚊仔。
13.　會煮中國飯嗰個朋友係周太太。
14.　賣錶嗰個中國人好聰明。
15.　我要睇你買嘅呢本新書。

B 1.　佢哋睇嗰啲報紙⋯⋯

2.　嗰個人做嗰件事（幹）⋯⋯

3.　我太太買呢件嘢⋯⋯

4.　陳小姐唱（嘅）呢首歌⋯⋯

5.　黃先生寫嗰啲書⋯⋯

6.　呢個人講呢啲話係乜嘢話呀？

7.　呢個細蚊仔寫嗰幾個字靚嗎？

8.　我都可以寫嗰個中國人寫嗰啲字。

9.　佢買呢件嘢好貴。

10.　佢教嗰啲書好難讀。

11.　李太太唱呢首歌係美國歌。

12.　我睇嗰張報紙係美國報紙。

13.　我好中意食佢煮嗰啲唐餐。

14.　我唔會唱嗰個中國人唱嗰啲歌。

15.　我唔做得佢做呢件生意。

III

1.　你嘅細蚊仔好嗎？　　好，佢哋都大囉。

2.　你重要食（一）啲嘢嗎？　　唔食喇，夠喇。

3.　而家我會講中國話喇。

4.　而家呢啲嘢重貴唔貴呀？　而家呢啲嘢唔貴喇。

5.　佢而家可以寫幾多個中國字呀？　　佢而家可以寫一百零五個喇。

6.　陳先生有四個細蚊仔囉。

7.　你重要錢唔要呀？　　我有錢囉，唔要囉。

8.　你重唔知道佢係邊個吖？　　我知喇，佢係黃先
生嘅大仔。
9.　張太太嘅先生而家做生意嘑!?
10.　佢而家有錢囉，可以買呢張枱囉。

IV

A1.　佢會唱中國歌，亦會唱美國歌。
2.　佢唔中意做事，亦唔中意讀書。
3.　我有中國書亦有中國報紙，你中意睇嗎？

B1.　你唔食我都唔食。
2.　你會講廣東話吖，我都會講。
3.　因爲周小姐好中意唱歌，所以佢而家都好中意
唱歌囉。

C1.　因爲李先生李太太好會唱歌，所以佢哋兩個細
蚊仔亦都好會唱歌。
2.　呢兩個學生係美國人，咽兩個學生都係美國
人，重有兩個亦都係美國人。
3.　你唔讀書，佢唔讀書，我亦都唔讀書囉。

請繙譯下列各句：
1.　會寫字嘅人都會睇書。
2.　會讀書嘅中國人都會寫中國字。
3.　我睇嘅報紙都係美國報紙。

4.　佢做嘅生意都係難做嘅生意。
5.　佢要買嘅書都係新嘅美國書。
6.　你會唔會講佢講嗰種話呀？
7.　佢哋個個都係中意讀書嘅好學生。
8.　中意食唐餐嘅美國人好多，但係中意食美國餐嘅中國人好少。
9.　嗰個講說話嘅小姐姓李。
10.　你寫呢啲字好好睇。
11.　佢買嗰兩枝筆係唔係中國筆呀？
12.　會唱歌嗰位小姐係張先生嘅女。
13.　佢做嗰件事幹難唔難呀？
14.　賣書嗰個人係中國人，買書嗰個係美國人。
15.　我畀你嗰張大枱係一張舊嘅大枱。

第　九　課

對　話

A：邊個呀？

B：我，請問呢處係唔係周先生嘅屋企呀？

A：係，你搵周先生吖？你貴姓呀？

B：係，我姓黃，周先生喺(屋)企嗎？

A：對唔住，周先生唔喺(屋)企，你搵佢有乜嘢事幹呀？

B：我有(一)啲事想問佢，佢而家喺邊處呀？

A：佢而家喺學校處。

B：佢喺學校處做乜嘢呀？

A：佢喺學校處教書。

B：佢嗰間學校喺邊處呀？

A：喺城外邊。

B：喺城外邊邊處呀？

A：你知唔知城外邊嗰間賣書嘅舖頭呀？

B：我知道。

A：嗰間學校喺嗰間舖頭後邊。

故　事

　　房裏邊有一個人，房外邊有一個人，黃先生喺房裏邊，黃太太喺房外邊，房裏邊嗰個人係黃先生，房外邊咽個人係黃太太。

枱上邊有一本書，書嘅下邊係枱，枱嘅上邊係書，書嘅上邊有嘢，枱嘅下邊都有嘢。

你喺我嘅前邊，我喺你嘅後邊，我嘅前邊係你，你嘅後邊係我。

生　字

屋（間）　　　　1.　咽間屋係唔係你㗎？
　　　　　　　　2.　佢有幾多間屋呀？
屋企　　　　　　3.　你屋企有幾多個人呀？
　企　　　　　　4.　黃先生喺唔喺企呀？
房（間）　　　　5.　你間屋有幾多間房呀？
　　　　　　　　6.　呢間房太細。
學校（間）　　　7.　邊間係英文學校呀？
　　　　　　　　8.　你中意咽間學校嗎？
鋪頭（間）　　　9.　咽間鋪頭係邊個㗎？
　　　　　　　10.　你間鋪頭（係）賣乜嘢（嘅）呀？
城（座、個）　　11.　中國重有城嗎？
　　　　　　　12.　你知唔知呢個係乜嘢城呀？
樓（座）　　　　13.　咽座樓係邊個㗎？
　　　　　　　14.　二樓三樓都有人。
樓上　　　　　15.　樓上有枱嗎？
　　　　　　　16.　樓上有三張枱。
樓下　　　　　17.　樓下係乜嘢鋪頭呀？

	18. 樓下唔係賣錶嘅舖頭吖？
上邊	19. 枱上邊嗰啲（嘢）係乜嘢呀？
	20. 枱上邊嗰啲書係唔係中國書呀？
下邊	21. 書下邊係乜嘢呀？
	22. 嗰枝筆下邊係乜嘢呀？
前邊	23. 書前邊係乜嘢呀？
	24. 書前邊係錶。
後邊	25. 錶後邊係乜嘢呀？
	26. 錶後邊係書。
裏邊	27. 書裏邊有乜嘢呀?有冇中國字呀?
（或入邊、內邊）	28. 書裏邊有中國字。
外邊（或出邊）	29. 外邊嗰個人係邊個呀？
	30. 外邊嗰個細蚊仔呢？
問	31. 你問乜嘢呀？
	32. 我問嗰個人姓乜嘢。
	33. 你係唔係問我呀？
搵	34. 你搵邊個呀？
	35. 我搵李先生。
	36. 你搵邊本書呀？
喺	37. 黃先生喺（屋）企嗎？
	38. 佢唔喺（屋）企。
	39. 佢係唔係喺舖頭呀？
處（或度）	40. 我本書喺邊處呀？
	41. 你本書喺嗰處。
	42. 佢本書喺邊處呀？

常 用 句

做乜嘢呀？　　　　　　有嘢。　　　　　　有乜嘢。
做乜(嘢)事幹呀？　　有乜事幹。　　　　有嘢。
對唔住。
請問，………

例　　句

I

1.　上邊有書。
2.　柏上邊有書。
3.　椅下邊有一張報紙。
4.　柏下邊冇嘢。
5.　學校前邊有一間鋪頭。
6.　城外邊有幾間大屋。
7.　佢前邊有一個細蚊仔。
8.　咽張柏下邊冇嘢。
9.　呢間屋裏邊有好多學生。
10.　廣州有好多大嘅鋪頭。
11.　外邊有人講說話。
12.　咽間學校後邊有一間賣書嘅鋪頭。
13.　邊處有賣書嘅鋪頭呀？　城裏邊處處都有。
14.　房裏邊有人嗎？　有。
15.　你屋企有幾多個人呀？　五個。
16.　椅下邊有乜嘢呀？　椅下邊有一張報紙。

17. 屋外邊有幾多個人呀？　屋外邊有三個人。
18. 邊處有中國學校呀？　咽處有一間中國學校。
19. 咽張椅後邊有冇鐘呀？　冇鐘，有(一)個錶啫。
20. 咽張枱上邊有(一)啲乜嘢呀？　有啲食嘅嘢。

II

1. 佢喺房裏邊。
2. 我嘅朋友喺房外邊。
3. 黃太太喺樓上。
4. 黃先生喺樓下。
5. 有一本書喺枱上邊。
6. 我喺你前邊。
7. 舖頭喺咽間高樓(嘅)後邊。
8. 李太太喺咽間屋裏邊。
9. 我間屋喺城外邊。
10. 佢間舖頭喺城裏邊。
11. 報紙喺咽本書下邊。
12. 你嘅朋友喺咽間舖頭後邊。
13. 我買咽本書喺房裏邊。
14. 張先生喺前邊，周先生喺後邊。
15. 你買咽張報紙喺咽張細枱上邊。
16. 佢喺邊處呀？　佢喺上邊。
17. 邊個喺上邊呀？　啲細蚊仔喺上邊。
18. 陳小姐喺唔喺呢處呀？　佢唔喺呢處，佢喺廣州。

19. 你間學校喺邊處呀？   我間學校喺城裏邊。
20. 我嗰本書喺你處嗎？   唔喺，你本書喺佢處。

III

1. 喺屋企食飯
2. 喺房裏邊睇報紙
3. 喺邊處買嘢
4. 喺呢處講說話
5. 喺城外邊做事
6. 佢哋喺上邊食飯。
7. 我喺呢處睇報紙。
8. 佢啲細蚊仔喺嗰間學校讀書。
9. 佢喺城裏邊做事。
10. 佢唔喺呢處讀書。
11. 周先生喺嗰處做乜嘢呀？   佢喺嗰處教書。
12. 邊個喺裏邊唱歌呀？   陳小姐喺裏邊唱歌。
13. 佢哋喺邊處煮飯呀？   喺間屋裏邊。
14. 佢喺邊間鋪頭處買嘢呀？   喺嗰間中國學校後邊嗰間。
15. 你喺邊間學校讀書呀？   我喺嗰間中國學校處讀書。

練　習

A 我哋學校有三個女先生。
   呢三個女先生個個都有幾個細蚊仔。

佢哋啲細蚊仔有啲有中國筆，有啲有美國筆。

咽啲有中國筆嘅，中意要美國筆； 咽啲有美國筆嘅
中意要中國筆。

咽三位女先生話：「我哋有中國筆亦有美國筆， 你
哋中意要美國筆嘅，我哋可以畀美國筆你哋； 你
哋中意要中國筆嘅，我哋可以畀中國筆你哋。

B   城外邊有一間好大嘅學校。

學校裏邊有一間賣書嘅舖頭。

舖頭裏邊有好多中國書。

書上邊有英文亦有中國字。

中國字前邊，後邊，都有好多英文， 我會讀咽啲英
文，我唔會讀咽啲中國字。

C

1.邊處有報紙(鐘、錶……) 呀？	2.報紙(鐘、錶……)喺邊處 呀？
咽處有報紙。	報紙喺咽處。
呢處有報紙。	報紙喺呢處。
佢處有報紙。	報紙喺佢處。
學校處有報紙。	報紙喺學校處。
屋企處有報紙。	報紙喺屋企處。
房處有報紙。	報紙喺房處。
舖頭處有報紙。	報紙喺舖頭處。
枱處有報紙。	報紙喺枱處。
椅處有報紙。	報紙喺椅處。

第 十 課

對 話

A：你哋去邊處呀？

B：我哋去香港。

A：你哋坐火車去吓？

B：唔係，我哋坐汽車去。

A：點解唔坐飛機呢？

B：喺呢處去香港冇飛機坐。

A：你去個處做乜嘢呀？

B：我哋去探兩個朋友，我哋亦都想買啲嘢。

A：你哋嘅朋友喺香港邊處呀？

B：喺第八街。

A：你哋啲細蚊仔都去嗎？

B：大嘅去，細嘅唔去。

A：點解你哋唔請你哋嘅朋友嚟呢處呢？

B：佢哋好中意嚟，但係佢哋有好多事要做，細蚊仔個
個都太細，所以唔嚟得。

生 字

今日   1. 你今日有錢嗎？

                   2. 你有今日嘅報紙嗎？

聽日   3.   聽日你讀書嗎？

            4.   聽日邊個煮飯呀？

天氣   5.   呢處天氣好嗎？

            6.   呢處嘅天氣唔係幾好。

(火)車站   7.   火車站喺邊處呀？

街(條)   8.   嗰間學校喺邊條街呀？

            9.   你搵邊條街呀？

去街   10.   你去唔去街呀？

上海   11.   上海有冇城呀？

           12.   上海而家冇城。

香港   13.   香港有冇賣中國書嘅舖頭呀？

           14.   香港有幾多中國人呀？

嚟   15.   佢嚟嗎？

           16.   佢唔嚟。

           17.   你嚟唔嚟我屋企呀？

去   18.   你去嗎？

           19.   我唔去喇。

           20.   佢呢？佢都唔去吋？

接   21.   你接邊個呀？

           22.   我接我嘅朋友。

           23.   佢接佢嘅朋友吋？

探   24.   你探邊個呀？

           25.   我探陳太太。

           26.   你知唔知佢探邊個呀？

坐   27.   我哋坐火車去。

學　　　　　28. 你坐呢處，你太太坐嗰處。

29. 請坐！請坐！

30. 你而家學乜嘢呀？

31. 我而家學講廣東話。

32. 學廣東話難唔難呀？

火車（架）　33. 你中唔中意坐火車呀？

34. 佢都中意坐火車吖？

汽車、車　　35. 你架汽車喺邊處呀？
　（架）　　36. 我架汽車喺嗰間舖頭前邊。

飛機（架）　37. 嗰架係邊國嘅飛機呀？

38. 你中意坐飛機嗎？

船（隻）　　39. 邊隻係美國船呀？

40. 呢處有幾多隻美國船呀？

何　　　　　41. 邊位係何先生呀？

42. 何太太喺邊處呀？

吳　　　　　43. 你搵吳先生吖？

44. 你知唔知吳先生喺邊處呀？

真係　　　　45. 你真係唔會吖？

46. 我真係唔會。

47. 你真係唔中意食唐餐吖？

點，點樣　　48. 呢個字點寫呀？

49. 我唔知點寫。

50. 呢件事點做呀？

點解　　　　51. 點解佢唔做呀？

52. 我唔知點解佢唔做。

咩　　　53.　點解你重唔會呀？
　　　　54.　你唔知咩？
　　　　55.　佢唔賣咩？
　　　　56.　你唔知佢中(意)唔中意咩？

常　用　句

點樣呀？　　　　　　點算呀？　　　　　　好耐唔見。

例　　句

I

1.　你喺邊處嚟呀？　我喺舖頭嚟。
2.　佢喺邊處嚟呀？　佢喺學校嚟。
3.　佢哋係唔係喺學校嚟呀？　唔係，佢哋喺城外
　　邊嚟。
4.　佢係唔係喺舖頭處去呀？　唔係。
5.　佢係唔係喺屋企去呀？唔係，佢係喺學校去。
6.　佢而家喺學校處去吖？　係，佢而家喺學校處
　　去。

II

1.　你點樣嚟呀？坐火車嚟吖？　唔係，我坐汽車
　　嚟。
2.　點解你唔坐飛機呢？　因爲天氣唔好所以我唔
　　坐飛機。

3.　坐船去上海貴唔貴呀？　唔貴，二十個銀錢啫。
4.　我可唔可以坐船去廣州呀？　可以。
5.　你坐船嚟吋，唔係坐火車嚟吋？　唔係，我唔坐火車嚟，亦唔坐船嚟，我坐飛機嚟。
6.　今日天氣好，所以好多人坐飛機。
7.　我唔中意坐飛機，中意坐船。
8.　你今日點樣去香港呀？　我坐船去。
9.　今日天氣咁好，點解唔坐飛機去呢？　飛機太貴，我冇咁多錢，點樣坐得飛機呀？
10.　聽日去香港嗰架飛機係唔係好大㗎？　係，係好大嘅，好新嘅。

III

A：你聽日去火車站做乜嘢呀？
B：我去接我嘅朋友何先生，吳先生。
A：何先生嚟中國做乜嘢呀？
B：佢嚟中國教書。
A：佢嚟呢處重去唔去第二處呀？
B：佢唔去第二處囉。
A：吳先生呢？
B：吳先生要去上海，因爲佢喺嗰處有好大嘅生意。
A：點解佢嚟香港呢？
B：佢嚟香港買啲嘢。
A：我聽日都去火車站接朋友。
B：接邊個呀？

Ａ：接李先生。

Ｂ：係咩！李先生真係嚟咩！佢嚟做乜嘢呀？

Ａ：佢嚟我哋間學校教唱歌。

Ｂ：我好想學唱歌，唔知佢中(意)唔中意教我呢？

練　習

1.　佢係唔係喺美國坐飛機嚟呀？

2.　我聽日去城外(邊)嗰間舖頭買嘢，你都去嗎？

3.　我中意坐船唔中意坐飛機。你呢？

4.　坐船去美國貴唔貴呀？

5.　呢處有冇去美國嘅飛機呀？

6.　你有幾多個朋友要坐飛機去香港呀？

7.　你話(喺)呢處有飛機去美國，喺香港亦有飛機去美國吖？

8.　教唱歌嗰位先生係唔係聽日嚟呀？

9.　你哋係唔係想坐船去香港，喺香港坐飛機去美國呀？

10.　好多人中意坐飛機，點解你哋唔中意坐(飛機)呢？

11.　你嘅朋友黃先生佢喺中國做乜嘢呀？

12.　你啲朋友係唔係個個都係喺美國嚟呀？

13.　你啲朋友係喺上海坐船嚟香港，唔係喺美國坐船嚟香港吖？

14.　今日天氣咁好，點解你唔坐飛機去香港呢？

15. 嗰個喺美國坐船嚟嘅美國人，係唔係你嘅好朋友呀？

16. 邊個講你知呀？你點知嗰處冇飛機去香港呀？

17. 邊隻船係去美國㗎？係唔係嗰隻呀？

18. 你想坐邊隻船去上海呀？嗰隻美國船吖。

19. 去美國嗰啲飛機，係唔係架架都係美國飛機呀？

20. 你哋個個都中意坐飛機去，唔中意坐船去吖？

第十一課

故　事

　　陳先生住喺城外邊第三街，佢有間賣書嘅舖頭喺城
裏邊，今朝早，陳先生唔入得去佢間舖頭，因爲佢冇鎖
匙，佢返去屋企，佢太太唔喺（屋）企，佢又唔入得去佢
嘅屋企，因爲佢冇屋企嘅鎖匙。佢企喺嗰處等佢太太，
冇幾耐，佢太太返嚟喇，問佢：「你企喺（呢）處做乜
嘢呀？」佢話：「我等你畀舖頭條鎖匙我。」佢太太
話：「舖頭條鎖匙唔喺我處，唔係喺你間房裏邊咩？」
陳先生入去間房搵。一陣間，佢出嚟話：「點解冇呢？
唔喺你處，亦唔喺我間房處，喺邊處呀？」陳太太話：
「係唔係喺㗎（汽）車處呀」陳先生出去㗎車處，上去
㗎車處又落嚟，又上去，又落嚟，話：「有喇！有喇！
我而家返去舖頭喇，再見！再見！

生　字

今晚	1.	今晚你去嗎？
	2.	今晚我唔去。
	3.	佢今晚都唔去吖？
今朝早，今朝	4.	今朝早天氣好嗎？
	5.	今朝早天氣好好。

	6.	今朝早你食乜嘢呀？
聽朝早，聽朝	7.	聽朝早你嚟嗎？
	8.	佢聽朝早去邊呀？
聽晚	9.	聽晚邊個嚟呀？
	10.	聽晚你去香港嗎？
一陣間	11.	唔該你等我一陣間。
得閒	12.	你聽日得閒嗎？
	13.	我聽日得閒。
唔得閒	14.	你而家唔得閒吓？
	15.	佢唔得閒咩？
行	16.	你行得嗎？
行嚟行去	17.	我唔行得，因爲我太癐。
	18.	我嘅錶行唔行呀？
走	19.	佢走乜嘢呀？
走嚟走去	20.	我唔知佢走乜嘢。
	21.	我走喇，你走唔走呀？
	22.	我都走喇。
住	23.	你住喺邊處呀？
	24.	我住喺嗰間屋處。
	25.	佢住喺邊處呀？
企	26.	你企喺呢處做乜嘢呀？
	27.	我企喺呢處等一個朋友。
	28.	佢企喺嗰處做乜嘢呀？
等	29.	你等邊個呀？
	30.	我等陳先生。

鎖匙（條，啾）31.　你有嗰間房嘅鎖匙嗎？

32.　（我）唔知呢條係唔係呢？

好　　　　　33.　我好去嗎？

34.　你唔好去。

35.　我好唔好問佢呀？

36.　我好唔好買呢本書呀？

唔好　　　　37.　係唔係唔好去呀？

38.　係，唔好去。

39.　佢都唔好去吖？

40.　唔好講說話喇。

41.　唔好唱歌喇。

嗽　　　　　42.　嗽寫啱唔啱呀？

43.　嗽寫啱喇。

44.　嗽，我唔去囉。

45.　嗽，佢呢？佢去唔去呀？

46.　呢首歌嗽唱好唔好呀？

47.　呢首歌唔好嗽唱，要嗽唱。

又　　　　　48.　你聽日又去吖？

49.　係，我聽日又去。

50.　你又食飯嘑？

一定　　　　51.　你係唔係一定去呀？

52.　係，我一定去。

53.　係唔係一定有呀？

緊　　　　　54.　佢做緊乜嘢呀？

55.　佢讀緊書。

56.　你睇緊乜野呀？

啦　　57.　你嚟啦！

58.　你寫啦！

59.　噉，我都去啦！

喟　　60.　喟！你係邊位呀？

61.　喟！你去唔去呀！

常　用　句

有乜指教呀？　　唔敢當，　冇幾耐，…　唔該你等吓。

例　　句

I

上嚟　　　　　　　　上去
落嚟　　　　　　　　落去
入嚟　　　　　　　　入去
出嚟　　　　　　　　出去
返嚟　　　　　　　　返去

1.　請入嚟坐一陣間啦！

2.　請上嚟樓上坐好嗎？

3.　唔該你出嚟外邊，我有啲嘢畀你。

4.　佢返（嚟）唔返嚟屋企食飯呀？

5.　佢入去嗰間鋪頭買報紙。

6.　你而家返去鋪頭做乜野呀？

7.　你喺上邊做乜野，點解重唔落嚟呀？

8. 你出去做乜嘢呀？我出去買啲嘢。
9. 我想落去樓下嗰間舖頭買啲嘢。
10. 佢走嚟走去，唔知佢做乜嘢呢？

II

1. 你坐喺嗰處做乜嘢呀？
2. 點解你坐喺張枱上邊呀？
3. 佢企喺嗰間高樓前邊賣報紙。
4. 我住喺十五樓。
5. 你而家唔住喺學校處咩！噉你住喺邊處呀？

III

1. 黃先生喺（嗰）處做緊乜嘢呀？黃先生喺（嗰）處教緊書。
2. 黃太太喺處做緊乜嘢呀？黃太太喺處煮緊飯。
3. 李先生喺處做緊乜嘢呀？李先生喺處唱緊歌。
4. 李小姐喺處做緊乜嘢呀？李小姐喺處讀緊書。
5. 你喺處做緊乜嘢呀？我喺處睇緊報紙。
6. 行緊街唔好食嘢；食緊嘢唔好講說話。
7. 你喺邊處做事呀？我冇做事，我而家重讀緊書。
8. 呢張報紙我睇緊，你睇第二張好嗎？
9. 佢喺房處做緊乜嘢呀？佢喺房處寫緊字。
10. 佢哋而家做緊生意，個個都好唔得閒。

IV

1. 先生入緊嚟喇，唔好講說話喇。
2. 喺香港嚟嘅飛機而家落緊嚟喇。

3.　我入得嚟嗎？

4.　佢哋個個都入得去，點解你唔入得去呀？

5.　佢而家喺中國坐飛機返緊嚟喇 ，我聽日去接
　　佢。

6.　喺學校出緊嚟嗰個人 ，喺黃先生嘅朋友李先
　　生。

7.　呢間房太細，我唔入得去。

8.　佢喺舖頭好唔得閒，而家唔返得嚟。

9.　嗰間樓太高，我唔上得去。

10.　佢喺樓下上緊嚟喇。

11.　喺樓上落緊嚟嗰個係邊個呀？

12.　你啲細蚊仔（佢哋喺學校）得閒嗎 ？ 佢哋出
　　（得嚟）唔出得嚟食飯呀 ？ 佢哋得閒但係唔
　　出得嚟。

對　　話（打電話）

Ａ：喂！你係邊位呀？你係何先生吖？

Ｂ：唔敢當，我係何國新，你係邊位呀？

Ａ：我係李日珍。

Ｂ：啊！李小姐，有乜指教呀？

Ａ：你太太喺（屋）企嗎？我有句話想問佢。

Ｂ：佢喺樓上煮緊飯………啊！佢而家落緊嚟喇。

Ａ：何太太吖？你今晚去城外邊嗰間舖頭買嘢嗎？

Ｃ：今日天氣唔好，我唔想去囉！

Ａ：聽朝早你去嗎？

Ｃ：聽朝早我唔得閒，吳太太嚟探我，我唔去得。

Ａ：聽晚呢？

Ｃ：聽晚我一定去。

Ａ：咁………我都聽晚去，聽晚喺咽處（見）你喇，聽晚見！

練　習

1.　你企喺（呢）處做乜嘢呀？點解重唔上去樓上食飯呀？

2.　佢係唔係唔得閒呀？佢而家做緊乜嘢呀？

3.　黃先生你有個朋友喺外邊等緊你。

4.　我而家得閒喇，請佢入嚟坐喇。

5.　佢係住喺樓上咽個學生。

6.　企喺外邊咽個（人）係邊個呀？

7.　你而家返（得去）唔返得去廣州呀？唔返得去囉！因爲而家冇船去廣州喇！

8.　唱緊歌咽個係邊個呀？係陳先生嘅女。

9.　我而家唔得閒，你哋唔入得嚟。

10.　邊個上緊嚟呀？係唔係吳先生呀？

11.　係唔係個個都唔入得去呀？唔係，咽啲太細嘅唔入得去啫。

12.　喺火車落緊嚟咽個係唔係你先生呀？

13.　聽晚你返（得嚟）唔返得嚟呀？返得嚟。

14.　你哋細蚊仔入得(去)嗰間學校讀書嗎？唔得，
　　　因為佢哋唔會講廣州話。

15.　上緊飛機嗰個美國人，唔係你嘅朋友咩？

第十二課

故　事

　　我嘅朋友馬先生喺香港坐火車嚟探我，　我尋日朝去火車站接佢，　因爲天氣唔好，條條街都好難行，我到火車站嗰陣時，火車已經到咗囉！我走去旅館搵佢，　喺旅館做事嗰啲人，　個個都話馬先生重未嚟。

　　到咗昨晚我又去火車站接佢，　一陣間火車嚟啦，個個人都喺火車落晒嚟啦，　重未（睇）見馬先生。我又走去旅館搵佢，旅館啲人話「馬先生冇嚟過」。

　　我喺旅館返去屋企，　睇見馬先生坐喺我張椅處睇緊報紙，　我話：「點解………」佢話：「真係對唔住你囉！我冇坐火車嚟，我坐咗飛機嚟！」

生　字

噚日，昨日	1.　尋日天氣好嗎？
尋日	2.　尋日你喺邊處呀
噚晚，昨晚	3.　尋晚你喺邊處呀？
尋晚	4.　尋晚我喺學校處讀書。
噚日朝，昨日朝	5.　尋日朝你喺唔喺（屋）企呀？
尋日朝	6.　尋日朝你喺邊處呀？
幾時	7.　你幾時去呀？

	8.	我今晚去。
	9.	佢幾時嚟呀？
嗰陣時………	10.	嗰陣時我住喺朋友處。
	11.	嗰陣時有幾多學生呀？
	12.	嗰陣時我唔知點算！
………嗰陣時	13.	你食飯嗰陣時(你)睇報紙嗎？
	14.	我食飯嗰陣時唔睇報紙。
	15.	你讀書嗰陣時(你)住喺邊處呀？
到	16.	佢幾時到香港呀？
	17.	佢聽朝早到。
	18.	我哋聽日到得香港嗎？
睇見	19.	你睇見佢(嗰)喫汽車嗎？
	20.	我睇見喇。
	21.	你睇見乜嘢呀？
見	22.	你想見佢嗎？
	23.	我想見佢。
	24.	你去見邊個呀？
	25.	我去見我嘅先生。
唔見咗	26.	唔好唔見咗嗰本書！
	27.	嗰本書唔見咗喇？
	28.	唔見咗囉！
識	29.	你識唔識佢呀？
	30.	我識佢，佢係黃先生嘅朋友。
	31.	你識唔識講嗰個人呀？
	32.	你識唔識講廣州話呀？

	33.	我識講幾句啫。
旅館	34.	呢處有冇旅館呀？
酒店(間)	35.	呢處有一間好細嘅旅館。
馬	36.	馬先生喺唔喺（呢）處呀？
	37.	馬先生喺邊處呀？
課	38.	呢課係第幾課呀？
	39.	呢課係第十二課。
咗	40.	你食咗飯嘑？
	41.	食咗喇。
	42.	佢都食咗嘑？
過	43.	你有冇食過唐餐呀？
	44.	你有冇去過中國呀？
完	45.	你做完嗰件事嘑？
	46.	我做完喇？
	47.	你寫完嗰啲字嘑？
晒	48.	佢寫晒嗰啲字未呀？
	49.	佢寫晒喇。
	50.	你賣晒嗰啲書嘑？
已經	51.	你已經賣晒嗰啲書嘑？
	52.	我已經賣晒囉。
	53.	佢已經賣咗嗰枝筆嘑？
未	54.	你未食飯吖？
	55.	我未食(飯)。
	56.	佢重未去吖？
	57.	你食咗飯未呀？

58. 未。

常 用 句

請坐喇！   得未呀？   未得。   得喇！
夠未呀！   未夠。   夠喇！

例 句

I

1. 黃先生嚟咗未呀？嚟咗喇。
2. 張先生走咗未呀？重未走。
3. 重有邊個嚟咗呀？陳先生嚟咗。
4. 佢哋食咗飯未呀？佢哋未食。
5. 我哋食咗飯想聽李先生唱歌，唔知李先生嚟咗未呢？
6. 李先生去咗學校敎書，佢而家返緊嚟喇。
7. 李先生你嚟咗嘑 ？ 你今日喺學校敎咗幾多課（書）呀？
8. 我敎咗兩課啫。
9. （嗰）啲學生會讀未呀？
10. 個個都未會，個個都話「真係難囉！」

II

1. 你哋食完飯未呀？食完喇！請入嚟坐啦。
2. 你寫完字未呀？我未寫完。
3. 你睇完呢兩本書未呀？我睇完呢本啫，嗰本重

　　　　未睇完。

4. 佢做完嗰件事未呀？佢而家重做緊，佢話聽日可以做完喇。

5. 你幾時可以讀完呢本書呀？我聽晚可以讀完啦。

6. 我要你讀嘅嗰本書，你讀完未呀？對唔住先生，我重未讀完。

7. 佢已經食完飯喇，而家喺樓上落緊嚟喇！

8. 先生！我哋讀完呢本書，我哋會講廣州話未呀？

9. 點解我已經讀完一本書，你重未睇完一張報紙呀？

10. 佢已經讀完書囉，點解重唔做事呀？

Ⅲ

A：你讀過呢本書嗎？

B：我讀過（一）啲啫。

A：嗰本呢？

B：嗰本係乜嘢書呀？

A：嗰本係教人講廣州話嘅書。

B：你有冇讀過呀？

A：我而家讀緊，陳先生教緊我。

B：你會講廣東話未呀？

A：我會講啲，我喺中國嗰陣時學過幾句。

B：邊個教過你呀？

A：有一位姓黃嘅小姐教過我，佢教我講話亦教我唱歌。

B：你有冇聽過佢唱歌呀？佢係唔係好會唱呀？

A：佢中意唱嘅歌，首首我都聽過， 佢真係好會唱。

B：你而家重識唱中國歌嗎？

A：而家冇人教我，我唔識囉！ 你識邊個會教唱歌嘅嗎？

B：我唔識。

IV

1. 你寫晒嗰啲字未呀？我未寫晒，重有兩個(字)未寫。

2. 我重未做完晒呢啲事，我而家未返得屋企。

3. 你食完晒呢啲嘢，你想食（一）啲乜嘢呀？

4. 你睇完晒嗰幾本書未呀？未，我重有兩本未得閒睇。

5. 佢哋已經走晒囉，你重嚟做乜嘢呀？

6. 我啲細蚊仔個個都去晒讀書囉，你嚟坐喇！

7. 佢想買晒咁多本書，但係佢冇咁多錢。

8. 你話唔見咗你嗰本中國書，你搵過晒咁多間房未呀？

9. 你見過晒我呢幾位朋友未呀？

10. 佢問過晒咁多個先生，個個都話呢個字唔係中國字。

溫習　第七至十二課

Ⅰ　故　事

　　黃先生喺廣州有一間舖頭，　佢間舖頭唔係幾大，但係好好生意，　舖頭裏邊有中國書，亦有英文書，想學英文嘅人，個個都去佢處買英文書。

　　有一日，有（一）個學生入嚟黃先生間舖頭，要買兩本英文書，黃先生上去樓上搵，一陣間，　佢落嚟畀兩本書嗰個學生，嗰個學生話：「唔係呢兩本！」黃先生又上去樓上，又搵過晒咁多本書，　落嚟話：「嗰啲英文書已經賣晒喇！」嗰個學生話：「真係賣晒㗎！　教我哋英文嗰位黃先生話你重有好多，　你落去樓下搵過未呀？」黃先生又落去樓下又搵過晒咁多本書，　上嚟話：「真係賣晒囉！」

　　嗰個學生行咗出去，　入去第二間舖頭，黃先生話：「唔識英文真係唔得！真係唔得！　我一定要學英文！」

Ⅱ　對　話

A．甲：張先生你幾好嗎？

　　乙：好，黃先生你去咗邊處啊？咁耐唔見你呀？

　　甲：我去咗中國讀書。

乙：你喺中國邊處讀書呀？

甲：我喺廣州讀（書）。

乙：噉，你啲廣州話一定好好喇，你教幾句我得唔得呀。

甲：你啲廣州話都幾好啦！邊個教過你呀？

乙：有一位姓陳嘅先生教過我，但係我而家重唔係幾識講，我哋有六個人學廣州話，陳先生話我哋個個都好聰明，但係………

甲：但係乜嘢呀？

乙：………但係個個講晒英文，唔講廣州話，所以重唔係幾識講。

B．甲：陳先生你住喺邊處呀？

乙：我住喺城裏邊咽間旅館。

甲：住喺咽間旅館樓上吖？

乙：唔係，樓下啫。

甲：樓下第幾間房呀？

乙：樓下後邊第三間，我中意後邊啲房，因爲前邊咽條街太多車。

甲：幾（多）錢一晚呀？

乙：唔係幾貴啫！兩個半銀錢。

甲：你係唔係聽日去上海呀？

乙：唔係，我聽朝早坐船去香港。

甲：坐飛機去唔好咩。

乙：好，但係呢兩日天氣唔好，所以我唔想坐飛機。

甲：你知火車站喺邊處嗎？

乙：旅館啲人已經講（咗）我知喇， 佢哋話喺城裏
　　邊，但係我可以喺旅館坐佢哋嘅汽車去。
甲：你喺香港返嚟，請嚟我屋企處食晚飯啦，好嗎？
乙：唔使客氣囉！ 我返嚟一定去探你，再見再見！

C. 甲：李先生，你嚟呢處做乜嘢呀？
　　乙：我嚟呢處讀書。
　　甲：你嚟呢處讀乜嘢書呀？
　　乙：我嚟呢處讀中國書。
　　甲：你嚟呢處讀乜嘢中國書呀？
　　乙：我嚟讀學講廣州話嘅中國書。
　　甲：你去中國做乜嘢呀？
　　乙：我去中國做生意。
　　甲：你去中國做乜嘢生意呀？
　　乙：我去中國做賣書嘅生意。
　　甲：你點樣去呀？
　　乙：我坐飛機去。
　　甲：你幾時去呀？
　　乙：我聽朝早去。

A. 請將下列各句翻譯成英文：
　　甲：廣州話唔係好難啫，點解你唔學喇？
　　乙：我嘅朋友張先生話好難，所以我唔想學囉。
　　甲：你真係唔想學嘑！
　　乙：我真係唔想學囉。
　　甲：學啦！我學緊廣州話，我知道唔係幾難啫！

乙：係咩！你學緊咩？

甲：係，我喺呢間學校學緊，我而家已經識講好多喇。

乙：咁我聽日都嚟學，再見！再見！

你買咗幾多嘢呀？　　　我買咗好多嘢。

你買咗幾多嘢喇？　　　我買咗好多嘢喇。

你尋日買咗幾多嘢呀？　我尋日買咗好多嘢。

你而家買咗幾多嘢喇？　我而家買咗好多嘢喇。

你寫咗幾多個字呀？　　我寫咗三百個字。

你寫咗幾多個字喇？　　我寫咗三百個字喇。

你尋日寫咗幾多個字呀？我尋日寫咗三百個字。

你而家寫咗幾多個字喇？我寫咗三百個喇。

你讀咗幾多課書呀？　　我讀咗八課書。

你讀咗幾多課書呀喇？　我讀咗八課喇。

你尋日讀咗幾多課書呀？我尋日讀咗八課書。

你而家讀咗幾多課書喇？我而家讀咗八課喇。

你學咗幾多句廣州話呀？我學咗五六句。

你學咗幾多句廣州話喇？　我學咗五六句喇。

你尋日學咗幾多句廣州話呀？

　　我尋日學咗五六句呀。

你而家學咗幾多句廣州話喇？

　　我而家學咗五六句喇。

請答下列各句：

1. 你睇**咗**幾多本書喇？
   你尋日睇**咗**幾多本（書）呀？
2. 你做**咗**幾多件事喇？
   你尋日做**咗**幾多件事呀？
3. 你賣**咗**幾多枝筆喇？
   你尋日賣咗幾多枝（筆）呀？
4. 你買咗幾多張椅喇？
   你尋日買咗幾多張（椅）呀？
5. 你教咗幾多課書喇？
   你尋日教咗幾多課（書）呀？
6. 你唱咗幾首歌喇？
   你尋日唱咗幾首（歌）呀？

B. 我中意入去　　　　　佢中意出嚟
　　我中意上去　　　　　佢中意落嚟
　　我入去裏邊　　　　　佢出嚟外邊
　　我上去樓上　　　　　佢落嚟樓下
　　我走去前邊　　　　　佢走嚟後邊
　　我上去上邊　　　　　佢落嚟下邊
　　我喺呢處　　　　　　佢喺咽處
　　我去咽處　　　　　　佢嚟呢處

C. 點解你唔去呀？　　　我唔中意去。
　　點解你尋日唔去呀？　我唔得閒去（或）我唔中意去。

點解你今日唔去呀？　我唔得閒去（或）我唔中意去。
點解你聽日唔去呀？　我唔得閒去（或）我唔中意去。

點解你冇唔呀？　　　我唔得閒去。
點解你尋日冇去呀？　我唔得閒去（或）我唔中意去。
點解你今日冇去呀？　我唔得閒去（或）我唔中意去。
點解你聽日唔去呀？　我唔得閒去（或）我唔中意去。

點解佢唔嚟呀？　　　　　佢唔得閒，唔嚟得。
點解佢尋日唔嚟呀？　　　佢唔得閒，唔嚟得。
點解佢今日唔嚟呀？　　　佢唔得閒，唔嚟得。
點解佢聽日唔嚟呀？　　　佢唔得閒，唔嚟得。

點解佢冇嚟呀？　　　　　佢有事，唔得閒嚟。
點解佢尋日冇嚟呀？　　　佢有事，唔得閒嚟。
點解佢今日冇嚟呀？　　　佢有事，唔得閒嚟。
點解佢聽日唔嚟呀？　　　佢有事，唔得閒嚟。

點解你唔煮飯呀？　　　　我唔識煮飯。
點解你尋日唔煮飯呀？　　我唔得閒煮。
點解你今日唔煮飯呀？　　我唔得閒煮。
點解你聽日唔煮飯呀？　　我唔得閒煮。

點解你冇煮飯呀？　　　　我有事，唔得閒煮。
點解你尋日冇煮飯呀？　　我有事，唔得閒煮。
點解你今日冇煮飯呀？　　我有事，唔得閒煮。
點解你聽日唔煮飯呀？　　我有事，唔得閒煮。

點解你唔搵佢呀？   我唔知點(樣)搵佢。
點解你尋日唔搵佢呀？ 我唔知點(樣)搵佢。
點解你今日唔搵佢呀？ 我唔知點(樣)搵佢。
點解你聽日唔搵佢呀？ 我唔知點(樣)搵佢。

點解你冇搵佢呀？   我唔得閒搵佢。
點解你尋日冇搵佢呀？ 我唔得閒搵佢。
點解你今日冇搵佢呀？ 我唔得閒搵佢。
點解你聽日唔搵佢呀？ 我唔得閒搵佢。

IV

你有冇買嗰啲嘢呀？ 我有， 我冇。
你有冇買過嗰啲嘢呀？ 我買過， 我冇買過。
你有冇睇嗰本書呀？ 我有， 我冇。
你有冇睇過嗰本書呀？ 我睇過， 我冇睇過。
你有冇請佢食飯呀？ 我有， 我冇。
你有冇請過佢食飯呀？ 我請過， 我冇請過。
你有冇聽佢唱歌呀？ 我有， 我冇。
你有冇聽過佢唱歌呀？ 我聽過， 我冇聽過。
你有冇寫嗰啲字呀？ 我有， 我冇。
你有冇寫晒嗰啲字呀？ 我寫晒喇，我冇寫晒。
你有冇買嗰啲書呀？ 我有， 我冇。
你有冇買晒嗰啲書呀？ 我買晒喇，我冇買晒。
你有冇食嗰啲嘢呀？ 我有， 我冇。
你有冇食晒嗰啲嘢呀？ 我食晒， 我冇食晒。

你有冇做嗰幾件事呀？　　　我有，　　我冇。

你有冇做晒嗰幾件事呀？　　我做晒喇，我冇做晒。

你有冇教嗰幾課書呀？　　　我有，　　我冇。

你有冇教完嗰課書呀？　　　我教完喇，我冇教完。

你有冇唱嗰首歌呀？　　　　我有，　　我冇。

你有冇唱完嗰首歌呀？　　　我唱完喇，我冇唱完。

你有冇做嗰幾件事呀？　　　我有，　　我冇。

你有冇做完晒嗰幾件事呀？　我做完晒喇，我冇做完晒。

請答下列各句：

1. 嗰陣時你有冇去中國呀？　　你有冇去過中國呀？

2. 你有冇睇嗰張報紙呀？　你有冇睇過嗰張報紙呀？

3. 尋日你有冇食唐餐呀？　你有冇食過唐餐呀？

4. 嗰陣時你有冇做生意呀？你有冇做過生意呀？

5. 嗰陣時你有冇學廣東話呀？
   你有冇學過廣東話呀？

6. 你有冇睇嗰幾本書呀？　你有冇睇晒嗰幾本書呀？

7. 你有冇做嗰件事呀？　　你有冇做完嗰件事呀？

8. 你有冇睇嗰本書呀？　　你有冇睇晒嗰本書呀？

9. 你有冇問過你啲朋友呀？
   你有冇問過晒你啲朋友呀？

10. 你有冇住過嗰間旅館呀？
    你有冇住過晒嗰幾間旅館呀？

第十三課

生　字

年　　舊年，　　今年，　　出年，　　前年，
後年，　　一九一二年，　　一九五三年，
一四九二年，　　一千七百七十七年。

年	1.　舊年你喺邊處呀？
	2.　你今年去唔去上海呀？
	3.　出年佢嚟嗎？
	4.　我前年喺嗰間學校教過書。
	5.　後年係一九七三年。
	6.　你舊年有冇去過香港呀？
	7.　一九四一年你喺邊處呀？
	8.　一七五四年有咗呢間學校未呀？
	一七五四年已經有咗呢間學校喇。
幾多年	9.　你讀咗幾多年英文呀？
一年	10.　我讀過一年英文。
年年	11.　你年年都去中國呀？
幾年，好幾年	12.　我好幾年冇去囉。
邊年	13.　你邊年去過呀？
前幾年	14.　我前幾年去過。
第一年	15.　佢第一年學講中國話，第二年學寫

中國字。

| 嗰年 | 16. | 嗰年你喺邊處呀？ |
| 嗰三年 | 17. | 嗰三年我喺香港教書。 |

月　　正月　　一月　　二月　　三月　　四月
五月　　六月　　七月　　八月　　九月
十月　　十一月　　十二月

邊個月	18.	邊個月你得閒呀？
上個月	19.	上個月你去咗香港吖。
下個月	20.	唔該你下個月嚟喇。
前個月	21.	前個月我冇去過。
幾多個月	22.	你去咗幾多個月呀？
七個月	23.	我去咗七個月。
八個月	24.	我嚟咗八個月喇。
邊幾個月	25.	邊幾個月生意好呀？
呢幾個月	26.	呢幾個月唔好，嗰幾個月好。
前幾個月	27.	我前幾個月搵過佢。

禮拜　　邊個禮拜呀？　　呢個禮拜，嗰個禮拜，
上個禮拜，　　下個禮拜，　　第二個禮拜，
前個禮拜，　　前兩個禮拜，　　禮拜幾呀？
禮拜一，　　禮拜二，　　禮拜三，　　禮拜四，
禮拜五，　　禮拜六，　　禮拜日。

禮拜　　　　28．上個禮拜幾呀？上個禮拜一。

　　　　　　29．下個禮拜幾呀？下個禮拜三。

　　　　　　30．邊個禮拜一呀？呢個禮拜一。
　　　　　　　　上個禮拜一，下個禮拜一。

　　　　　　31．你禮拜幾得閒呀？禮拜四得閒。邊
　　　　　　　　個禮拜四呀？呢個禮拜四。唔係下
　　　　　　　　個禮拜四。

日

邊日　　　　32．你邊日嚟過呀？

尋日(昨日)　33．我尋日嚟過。

今日　　　　34．你今日去唔去呀？

聽日　　　　35．你聽日得閒嗎？

前日　　　　36．我前日去咗香港。

後日　　　　37．後日我唔得閒。

大前日　　　38．大前日係禮拜幾呀？

大後日　　　39．我大後日去香港。

幾多日　　　40．你去咗幾多日呀？我去咗兩日啫。

日日　　　　41．佢日日都咁唔得閒吖？係，佢日日
　　　　　　　　都咁唔得閒。

號　　　　　42．今日幾(多)號呀？今日(係)一號。
　　　　　　　　二號，三號⋯⋯
　　　　　　　　十一號，十二號⋯⋯
　　　　　　　　廿一號，廿二號⋯⋯
　　　　　　　　三十號，卅一號。

　　　　　　43．今日係幾月幾號呀？

今日係二月三號。

44. 今日係一九幾年幾月幾號呀？今日
係一九五五年一月十號。

45. 佢住係第幾號房呀？佢住喺第三號
房。

46. 第三街第幾號呀？第三街第九號。

生日　　　　　47. 今日係邊個嘅生日呀？

48. 今日係你嘅生日吁？

49. 今日唔係我嘅生日，係佢嘅生日。

北京　　　　　50. 你去過北京嗎？

51. 北京喺邊處呀？

52. 北京重有城嗎？

信（封）　　　53. 我要寫兩封信。

54. 我有冇信呀？

55. 嗰封信係邊個㗎？

出世　　　　　56. 你幾時出世㗎？

57. 細蚊仔出咗世未呀？佢出咗世喇。

教書　　　　　58. 你有冇教過書呀？我教過（書）。

59. 你中意教書嗎？

唞　　　　　　60. 我唞一陣間得嗎？

61. 我好癐，想唞吓。

62. 你唞吓啦。

搬，搬（屋）　63. 佢搬咗去邊處呀？佢搬咗去上海。
帶　　　　　　65. 你有冇帶錢呀？

66. 你帶我去得嗎？

	67. 我唔帶得你去。
（揸）	68. 你揸得嗎？我揸得
揈	69. 你要我揸去邊處呀？
攞	70. 佢去攞乜嘢呀？佢去攞錢。
	71. 你呢？你亦都去攞錢吋？係，我亦都去攞錢。
	72. 唔該你（去）攞嚟啦。
送	73. 你幾時可以送去呀？
	74. 邊個送佢返屋企呀？
	75. 我去送佢返中國。
	76. 我想送啲嘢（畀）佢。
寄	77. 嗰封信寄咗未呀？我寄咗喇。
	78. 我想寄呢本書返美國。
樣	79. 你中意呢個樣嘅嗎？我中意嗰個樣嘅。
	80. 你中意點（嘅）樣㗎？
	81. 佢嘅樣靚嗎？
好樣	82. 呢張枱好好樣，我好中意。
醜樣	83. 唔係幾醜樣啦。
耐	84. 係唔係要等好耐呀？　唔使等幾耐啫。
	85. 你嚟咗幾耐呀？
每	86. 每（一個）人有（一）枝筆。
	87. 每本書都要有呢個字。
	88. 每間房有兩張枱。

埋 　　　　　　89.　行埋佢嗰處。

　　　　　　　90.　請你坐埋呢張枱處。

　　　　　　　91.　佢架車拍埋我喫車處。

過 　　　　　　92.　佢走過去間舖頭處。

　　　　　　　93.　喺嗰處行過嚟。

開 　　　　　　94.　行開嗰處。

　　　　　　　95.　行開。

幾 　　　　　　96.　佢幾高呀？（佢有幾高呀？）

　　　　　　　97.　嗰架車幾大呀？

　　　　　　　98.　幾多錢呀？幾文啫。

　　　　　　　99.　有幾多學生呀？幾個啫。

　　　　　　100.　我喺嗰處住咗個幾月。

　　　　　　101.　呢本書個幾銀錢。

　　　　　　102.　佢去咗幾個禮拜喇。

　　　　　　103.　第幾號呀？第六號。

幾好，幾靚。　　唔係幾好，唔係幾靚。　　幾長呀？

幾耐喇？　　　等咗幾耐呀？　　　等咗幾耐喇。

幾(多)個呀？　　　幾個，　　十幾個。

廿幾個，卅幾個。　　　個幾(銀錢)　　　幾(多)毫呀？

常 用 句

唔好意思　　　就嘅啦　　　等我睇吓　　　冇問題

對　　話

A：一年有幾多日呀？
B：一年有三百六十五日。
A：一年有幾個月呀？
B：一年有十二個月。
A：一個月有幾多日呀？
B：有啲有三十日，有啲有三十一日。
A：二月都有三十日咁多咩？
B：冇，二月冇三十日咁多，二月有廿八日啫：
A：一個月有幾多個禮拜呀？
B：一個月有四個禮拜，一年有五十二個禮拜。
A：每個禮拜有幾多日呀？
B：每個禮拜有七日。
A：今日係禮拜幾呀？
B：今日係禮拜一。
A：尋日呢？
B：尋日係禮拜日。
A：前日呢？
B：前日係禮拜六。
A：今年係一千九百七（亞）幾年呀？
B：今年係一千九百七（亞）一年。
A：呢個月係幾月呀？
B：呢個月係六月。
A：今日係幾月幾號呀？

Ｂ：今日係六月卅號。
Ａ：今日係唔係你嘅生日呀？
Ｂ：唔係，今日係佢嘅生日。
Ａ：幾時係你嘅生日呀？
Ｂ：七月四號係我嘅生日。

例　　句

1. 佢幾時嚟呀？　　　　　　　佢今日嚟。
2. 你幾時去香港呀？　　　　　　我聽日去。
3. 你哋幾時去中國呀？　　　　　我哋出年去。
4. 李先生幾時喺北京嚟呀？　佢下個月嚟。
5. 黃先生幾時去廣州呀？　　佢後日去。
6. 你係唔係今晚嚟呀？　　　　唔係，我聽晚嚟。
7. 你幾時可以睇完呢本書呀？
　　我聽日可以睇完喇。
8. 你幾時昇呢本書佢呀？　　我第二個禮拜昇佢。
9. 佢係唔係聽日坐船去呀？
　　唔係，佢聽日坐火車去。
10. 下個禮拜教邊幾課書呀？
　　下個禮拜一教第三課，下個禮拜二教第四課。
11. 佢幾時嚟㗎？　　　　　　佢尋日嚟嘅。
12. 你幾時去香港㗎？　　　　我前日去嘅。
13. 你哋幾時去中國㗎？　　我哋一九三二年去嘅。
14. 李先生幾時喺北京嚟㗎？李先生上個月嚟嘅。

15.　王先生幾時去廣州㗎？王先生前日去廣州嘅。
16.　你幾時嚟㗎？　　　　　　我尋晚嚟嘅
17.　你幾時睇完嗰本書㗎？　　我前晚睇完嘅。
18.　你幾時昇呢本書佢㗎？　　我上個禮拜昇佢嘅。
19.　佢幾時坐船嚟㗎？　　　　佢尋晚坐船嚟嘅。
20.　上個禮拜教咗邊幾課書呀？
　　　上個禮拜三教咗第一課，（上）禮拜四教咗第
　　　二課。

II

1.　你嚟咗幾耐喇？　　　　　我嚟咗兩日喇。
2.　佢走咗幾耐喇？　　　　　佢走咗一個月喇。
3.　火車到咗幾耐喇？　　　　火車到咗好耐囉。
4.　嗰隻船到咗未呀？　　　　嗰隻船到咗兩三日喇。
5.　佢去咗中國幾耐喇？
　　　佢去咗中國三年喇。
6.　你喺上海住過幾個月呀？
　　　我喺上海住過兩個禮拜啫。
7.　陳先生想喺上海住幾耐呀？
　　　佢想喺上海住半年。
8.　你學咗幾耐嘅廣州話喇？
　　　我學咗兩個幾月嘅廣州話喇。
9.　李先生返咗中國幾耐喇？
10.　你舊年喺香港住咗幾耐呀？
　　　我舊年喺香港住咗個幾月。

11.　陳先生有冇教過你呀？
　　　有，陳先生教過我三個月。
12.　你有冇喺嗰間旅館住過呀？
　　　上個禮拜我喺嗰間旅館住過兩晚，我唔中意嗰
　　　間旅館。
13.　你係唔係喺（呢）處等咗好耐喇？
　　　係，我等咗好耐喇。
14.　呢課書教咗幾多日喇？你哋識未呀？
　　　呢課書教咗四日喇，但係我哋重未識。
15.　你識咗黃先生好耐哮？
　　　我識咗黃先生好耐囉，黃先生喺美國嗰陣時喺
　　　我屋企住過好幾年。

Ⅲ

A.　1.　佢喺樓下走上嚟。
　　2.　我喺樓上走落去。
　　3.　佢走上嚟搵我。
　　4.　我走落去搵佢。
　　5.　佢喺嗰間學校處行出嚟。
　　6.　佢行入去嗰間鋪頭買嘢。
　　7.　細蚊仔你行埋嚟，我有啲嘢畀你。
　　8.　唔該你行過去嗰處等我。
　　9.　細蚊仔唔好行開去，嗰處好多車。
　　10.　點解你唔揈上嚟呀？
　　11.　呢本書揈去嗰處，嗰本書揈嚟呢處。

12. 唔該你揑埋嚟呢處。
13. 唔好揑過去佢處喇，揑過嚟我處啦。
14. 邊啲係揑上去火車㗎？
15. 嗰啲係揑返去屋企嘅，呢的係揑返去學校嘅。

B. 1. 唔該你攞嗰啲嘢嚟（畀）我。
2. 佢揑嗰啲嘢去邊處呀？
3. 唔該你揑呢本書去（畀）佢。
4. 你幾時揑呢本書去（畀）佢呀？
5. 唔該你搬呢張椅上去樓上 ， 搬嗰張枱落嚟呢處。
6. 點解你唔帶你啲細蚊仔嚟呀？
7. 下個禮拜我一定帶佢哋嚟探你哋。
8. 你聽日揑嗰本書嚟好嗎？
9. 我想寄封信去香港。
10. 你送張太太嘅細蚊仔返屋企得嗎？

C. 1. 你揑咗嗰兩件嘢返去我屋企未呀？
   我揑咗返去囉。
2. 佢送咗嗰啲嘢去黃先生屋企未呀？
3. 你搬咗呢張枱上去嗎？（或：呢張枱你搬得上去嗎？） 我唔搬得上去。
4. 佢搬得張枱落嚟未呀？ 佢而家搬緊落嚟。
5. 你搬晒我啲書去邊處呀？我搬晒去學校喇。
6. 我尋日揑咗呢兩本書上去樓上，邊嗰又揑返落嚟呀？

7. 你已經送咗嗰啲嘢去喇，點解你又揑返嚟呀？
   因爲冇人喺（屋）企所以我揑返嚟。

8. 你有冇寄過錢返（去）中國呀？
   我前兩年寄過返去，而家冇囉。

9. 邊個送你哋細蚊仔返學（校）呀？
   我太太已經送咗佢哋去囉。

10. 你搬晒嗰啲枱出去未呀？
    我搬晒嗰啲枱出去哮，重有兩張椅未搬啫。

練　習

1. 你出年重嚟唔嚟我呢處呀？
2. 你前年有冇去過上海呀？
3. 你出世嗰年係邊年呀？
4. 你嗰間學校舊年有幾多學生呀？
5. 你讀過幾多年英文呀？
6. 你出年重讀唔讀書呀？
7. 你係唔係嚟咗呢處兩年喇？
8. 馬先生下個月幾多號嚟呢處呀？
9. 你上個月一號喺邊處呀？
10. 你第二個月九號重喺（呢）處嗎？
11. 你幾時生日呀？
12. 一個月有幾多個禮拜呀？
13. 李太太係唔係呢個禮拜嚟探你呀？
14. 呢個禮拜係呢個月嘅第幾個禮拜呀？

15.　佢去上海嗰個禮拜你喺邊處呀？
16.　你上個月幾號去過廣州呀？
17.　你第二個禮拜去唔去廣州呀？
18.　尋日係唔係禮拜三呀？
19.　聽日呢？聽日係唔係禮拜五呀？
20.　你想呢個禮拜幾去香港呀？
21.　黃先生呢個禮拜幾嚟呀？
22.　你呢個禮拜六去張先生處嗎？
23.　呢個禮拜幾係佢嘅生日呀？
24.　下個禮拜幾有人去香港呀？
25.　佢係唔係呢個禮拜四嚟呀？

第十四課

生　字

自己	1. 佢自己嚟吖？　　係，佢自己嚟。
	2. 你自己喺呢處住呀？
法國	3. 你係法國人吖？唔係，佢係法國人。
	4. 你有冇去過法國呀？
德國	5. 你個朋友係唔係德國人呀？
	佢唔係德國人，佢係法國人。
	6. 點解佢講德國話呀？
	佢喺德國住過六年。
巴黎	7. 佢話佢想去巴黎住幾年。
	8. 我話我亦都想去巴黎住幾年。
法子	9. 你有冇法子搬呢張枱上去樓上呀？
	10. 我自己冇法子搬得上去。
	11. 佢唔坐飛機嚟，有乜野法子嚟呀？
玩	12. 你中意去邊處玩呀？
	我中意去巴黎玩幾日。
	13. 呢個禮拜日你去邊處玩呀？
叫	14. 邊個叫你呀？我朋友叫我。
	15. 佢叫你做乜野呀？
	16. 佢叫我請佢食唐餐。
	17. 唔該你叫佢嚟呢處。

	18.	我叫咗佢好耐喇，佢重未嚟咩。
玩	19.	巴黎好玩嗎？
		巴黎好好玩，你有去過咩。
	20.	真係咁好玩出年我一定去玩幾日。
擠（喺）	21.	嗰件嘢你擠喺邊處呀？
		嗰件嘢我擠喺張枱下邊。
	22.	尋日我擠喺呢處嗰件嘢點解唔見咗呀？
同（埋）	23.	我要呢個同嗰個。
	24.	你同（埋）我去好嗎？
	25.	呢張報紙係我同佢買嘅。
先	26.	邊個先嚟㗎？佢先嚟嘅。
	27.	你去先啦。
一齊	28.	你哋一齊嚟（㗎吖）㗎？
		係，我哋一齊坐飛機嚟嘅。
	29.	點解你哋唔一齊去呢？
如果（若係）	30.	如果你得閒你去嗎？
	31.	如果你唔去，我都唔去。
	32.	如果天氣唔好你重去嗎？
挺（樣）	33.	你中意邊挺呀？
	34.	你識講邊挺中國話呀？
一　埋	35.	點解你唔同埋佢去呀？
	36.	點解你唔帶埋佢去呀？
	37.	唔該你揸埋嗰本中國書嚟。
即刻	38.	請你即刻嚟。

	39.	唔該你即刻攞畀我。
	40.	呢件事要即刻做。
衫（件，套）	41.	你件衫真係靚喇。
	42.	我而家想去買幾件衫。
	43.	你帶邊套衫去呀？
着	44.	你着邊件衫去呀？
	45.	呢件衫你着過未呀？
	46.	呢套衫你着咗幾耐喇。
家人（啲）	47.	你啲家人喺邊處呀？
	48.	你啲家人幾時嚟呀？
	49.	佢嘅家人喺（呢）處嗎？
傾	50.	我想搵你傾傾，你得閒嗎？
	51.	我哋尋晚傾咗好耐。
	52.	邊幾位喺（嗰）處傾緊偈呀？
落雨	53.	聽日會落雨嗎？
雨	54.	咁大雨唔好去囉。

對　話

A： 陳先生前個月我去探你，你唔喺屋企，上個月我去
　　探你，你又唔喺企，你去咗邊處呀？

B： 哦！我去咗法國所以唔喺企真（係）對唔住喇。

A： 你前個月幾多號去㗎？

B： 我十六號去嘅。

A： 你有冇同埋啲家人去呀？

B： 冇，因爲啲細蚊仔要讀書唔得閒 ， 所以冇同佢哋
　　 去。
A： 你係唔係坐飛機去㗎？
B： 唔係，我先坐船去英國，喺英國坐火車去巴黎嘅。
A： 你喺巴黎住咗幾耐呀？
B： 住咗兩個禮拜啫，因爲我要去德國探幾個朋友。
A： 巴黎好玩嗎？
B： 巴黎好好玩。
A： 你有冇喺法國帶啲嘢返嚟畀你太太呀？
B： 我同佢喺巴黎買咗兩套衫佢好中意，你前年去法國
　　 嗰陣時，冇去過巴黎咩。
A： 冇，我去完德國就即刻返嚟喇，出年六月我重要去
　　 德國，嗰陣時，我一定去巴黎玩幾日。

例　　句

I

A.　1.　我同佢去香港。
　　 2.　你同唔同我哋一齊去呀？
　　 3.　點解你唔同你啲細蚊仔一齊嚟呀？
　　 4.　你同埋我一齊去香港買啲嘢好嗎？
　　 5.　如果你唔同我去，噉我自己去喇。
　　 6.　你啲廣州話同邊個學㗎？
　　 7.　我同黃先生學咗三個禮拜，同 李 先 生 學咗兩
　　　　 年。
　　 8.　我聽日同你去香港探佢好嗎？

9. 我先同佢一齊唱，一陣間我同你一齊唱。
10. 佢同黃先生出咗去，我冇問佢哋去邊處。
11. 前年我同佢一齊去中國嘅，佢而家重喺中國未返嚟。
12. 我同佢一齊讀過兩年書，舊年佢咗返中國囉。
13. 前年我哋喺中國嗰陣時，我同佢一齊喺一間學校教書。
14. 個個禮拜（日）張先生張太太都同佢哋啲細蚊仔出去食唐餐。
15. 呢幾日天氣咁唔好你聽日同埋我哋坐船去唔好坐飛機去囉。

B. 1. 邊個同你哋煮飯呀？
   2. 你同我做呢件事得嗎？
   3. 唔該你同我叫佢嚟呢處得嗎？
   4. 你同我去香港買啲嘢好嗎？
   5. 噉，我同你寫字你同我煮飯喇。
   6. 我同你做咗咁多事你重唔多謝我吖？
   7. 呢本英文書係佢喺美國同你買（嚟吖）㗎？
   8. 你中(意)唔中意我同你喺美國買嘅嗰個錶呀？
   9. 我今日唔得閒唔該你同我教呢課書得嗎？
   10. 佢同我寫嗰幾個字真係靚喇。
   11. 邊個同我搬咗張枱上去樓上呀?真係唔該佢囉。
   12. 唔該你同我去黃先生處攞嗰兩本英文書返嚟得嗎？

13. 一陣間你去街買嘢嗰陣時，你同我寄咗呢封信
    得嗎？
14. 你聽日得唔得閒同我送咗啲細蚊仔返學呀？
15. 你哋幾位同我做咗咁多事 ， 我真係多謝你哋
    囉。

C． 1. 我同佢係好朋友。
    2. 我同佢都係陳先生嘅學生。
    3. 我出年要去法國同德國。
    4. 我今晚要出城買嘢同埋探一個朋友。
    5. 你出年想去上海同北京吖？
    6. 你舊年去過法國同邊國呀？
    7. 你尋晚同前晚喺邊處住呀？
    8. 我舊年同張先生喺巴黎玩咗三個禮拜。
    9. 黃小姐同佢啲朋友點樣去美國㗎？
    10. 我同我太太都未去過中國。
    11. 你同你太太今晚嚟我哋處食飯好嗎？
    12. 陳先生同陳太太都去咗街吖？
    13. 佢同黃先生兩位都係喺美國讀完書返嚟嘅。
    14. 你同李先生係好朋友，我同李先生亦係好朋
        友，所以你同我亦係好朋友。
    15. 佢嘅細蚊仔同我嘅細蚊仔同埋喺一間學校讀
        書，所以我識佢。

II
A． 1. 陳先生嚟咗未呀？   佢嚟咗喇。

   佢幾時嚟㗎？   佢尋日嚟嘅。

2. 李先生走咗未呀？   李先生走咗喇。
   佢幾時走㗎？   佢上個禮拜走嘅。

3. 呢張枱你幾時買㗎？ 我前日買嘅。
   你幾時畀錢佢㗎？   我尋日畀錢佢嘅。

4. 張先生到咗香港未呀？ 張先生到咗喇。
   佢喺唔喺坐飛機去香港㗎？
   係，佢係坐飛機去嘅。
   佢幾時去㗎？   佢尋日去嘅。

5. 佢會講廣州話未呀？ 佢會講好幾句喇。
   佢幾時學㗎？   佢舊年喺呢處學嘅。

B. 1. 你食咗飯未呀？   我食咗喇。
    你喺邊處食㗎？   我喺陳先生處食嘅。

2. 你識黃小姐嗎？   我識佢。
   你喺邊處識佢㗎？我喺陳太太屋企處識佢嘅。

3. 你買咗報紙未呀？   我買咗喇。
   你喺邊處買㗎？   我喺嗰間鋪頭買嘅。

4. 你有錢未呀？   我有錢喇。
   喺邊處攞㗎？   喺朋友處攞嘅。

5. 嗰隻船幾時到㗎？   今朝早到嘅。
   喺邊處嚟㗎？   喺美國嚟嘅。

C. 1. 李小姐嚟咗未呀？   李小姐嚟咗喇。
    佢點樣嚟㗎？   佢坐汽車嚟嘅。

2. 張先生返咗美國未呀？ 佢返咗去好耐喇。

　　　　　佢坐船返去喍吖？　　唔係，佢坐飛機返去嘅。
3.　你幾時喺廣州嚟喍？　　我今朝早嚟嘅。
　　　你坐船嚟喍吖？　　　　我坐火車嚟嘅。
4.　你同佢一齊嚟喍吖？
　　　唔係，佢坐車嚟嘅，我行嚟嘅。
5.　李先生你返咗嚟嘑？　　係，我尋晚返嚟嘅。
　　　你點樣返嚟喍？　　　　我坐船返嚟嘅。

D.　1.　陳先生嚟咗未呀？　　　陳先生嚟咗喇。
　　　佢（係）嚟做乜嘢喍？　　佢（係）嚟教書嘅。
　　2.　你啲細蚊仔幾時嚟喍？　　佢哋今年二月嚟嘅。
　　　佢哋嚟香港做乜嘢喍？　　佢哋嚟讀書嘅。
　　3.　你識嗰幾位德國人嗎？　我識。
　　　佢哋嚟呢處做乜嘢喍？佢哋嚟呢處做生意嘅。
　　4.　你哋想幾時搬去嗰間屋處呀？我哋想而家搬。
　　　嗰幾個人嚟做乜嘢喍？　　佢哋嚟搬嘢嘅。
　　5.　你搵乜嘢呀？　　　　　我搵一隻船。
　　　嗰隻船嚟呢處做乜嘢喍？
　　　嗰隻船（係）嚟呢處接我哋嘅。

E.　1.　陳先生嚟咗未呀？　　　嚟咗喇。
　　　佢同邊個嚟喍？　　　佢同啲細蚊仔一齊嚟嘅。
　　2.　你太太幾時返美國喍？　佢上個月返去嘅。
　　　佢同邊個一齊返去喍？
　　　佢同啲細蚊仔一齊返去嘅。

3. 李小姐去咗唱歌未呀？　　去咗喇。
　　佢同邊個去㗎？　　　　佢同李先生一齊去嘅。
4. 你嗰枝筆真係靚喇，幾時買㗎？　　我舊年喺
　　美國買嘅。
　　你同邊個去買㗎？　　我同我太太一齊去買嘅。
5. 馬先生你幾時嚟㗎？　　　我尋晚嚟嘅。
　　你同邊個嚟㗎？　　　　我同太太一齊坐船嚟嘅。

III

A. 1. 今日有冇雨落呀？　　　今日冇雨落。
 2. 嗰間鋪頭有冇唐餐食呀？
 3. 今日有冇飛機坐呀？
　　今日冇飛機坐，因為飛晒去香港喇。
 4. 你出年重有書讀嗎？
　　冇喇，因為我冇錢讀喇。
 5. 嗰間鋪頭有冇英文報紙賣呀？
　　有，但係今朝早已經賣晒喇。

B. 1. 佢而家搵緊事做吖？　　佢而家搵緊事做。
 2. 佢去做乜嘢呀？　　　　佢去煮飯食。
 3. 你去買乜嘢呀？　　　　我去買嘢食。
 4. 我啲衫太舊喇，所以我想去買幾件衫着。
 5. 佢去香港做乜嘢呀？搵事做吖？
　　唔係，佢想搵生意做。

練　習

1. 你幾時同佢坐船嚟㗎？
2. 你同佢喺美國坐飛機嚟㗎吖？
3. 你叫佢嚟同你做乜嘢呀？
4. 同埋你嚟嗰個係邊個呀？
5. 尋日邊個同你去㗎？
6. 呢本英文書邊個同你買㗎？
7. 唔該你同我叫佢嚟呢處得嗎？我有啲事要問佢？
8. 唔該你叫佢同我買張報紙得嗎？
9. 佢同邊個喺樓上傾緊偈呀？
10. 你有乜嘢要我同你帶返去屋企嘅嗎？
11. 我想同你傾幾句你得閒嗎？
12. 唔該你同我卽刻去買張報紙我想知道聽日有冇飛機去美國。
13. 你想聽日同你啲家人邊去處玩呀？
14. 如果你去法國同德國玩，你想去邊國先呀？
15. 聽晚黃先生請食飯你想着邊套衫去呀？
16. 唔該你等一陣間，等我攞埋本書嚟同你一齊讀好嗎？
17. 你聽日去火車站接張先生，你帶埋你啲家人去嗎？
18. 你有冇法子揑埋嗰幾件嘢呀？
19. 呢張枱同嗰張椅你想擠喺邊處呀？
20. 佢同你講乜嘢話呀？英文吖？

第十五課

生　字

筷子（雙）	1. 唔該捪雙筷子（昇）我。
	2. 呢雙筷子喺邊處買㗎。
	3. 呢雙筷子係我喺中國帶嚟嘅。
酒館（間）	4. 呢處有幾多間酒館呀？
酒家	5. 呢處有三間酒館。
	6. 我好耐冇去過酒館喇。
刀（把）	7. 唔該你畀把刀我。
刀仔	8. 呢把刀幾錢呀？
	9. 你有刀仔嗎？
义（隻）	10. 你啲刀义夠唔夠呀？
	11. 我唔見咗兩隻义。
	12. 你同我去買兩隻义得嗎？
茶	13. 你飲過茶嗎？
	14. 我飲過茶。
	15. 你飲嘅係邊國茶呀？
一副	16. 你呢副刀义真係靚喇。
	17. 呢副刀义係我喺美國帶嚟嘅。
	18. 呢副枱椅係唔係中國枱椅呀？
魚（條）	19. 呢條魚幾錢呀？

	20.	你中意食魚嗎？
餸（碟）	22.	你中意食乜嘢餸呀？
	23.	呢碟餸係邊個煮㗎？
	24.	你會唔會煮餸呀？
菜（碟或味）	25.	你中意食菜嗎？
菜（挺）	26.	你中意食邊挺菜呀？
	27.	邊間酒館嘅菜好呀？
	28.	嗰間酒館嘅菜好好。
	29.	我哋叫三個菜夠未呀？
湯（碗）	30.	你中意菜湯嗎？
	31.	唔該你畀碗湯我。
	32.	你哋要幾多碗湯呀？
碗（隻）	33.	呢隻係唔係中國碗呀？
	34.	呢隻中國碗你幾時買㗎？
	35.	呢隻碗幾多錢呀？
酒（杯）	36.	呢啲酒喺邊處嚟㗎？
杯（隻）	37.	呢啲係唔係法國酒呀？
	38.	嗰間舖頭有冇酒賣呀？
地方（撻）	39.	你去過嗰撻地方嗎？
	40.	嗰撻地方真係好喇。
	41.	你話（嘅）嗰撻地方喺邊處呀？
飲	42.	飲杯酒好嗎？
	43.	我唔識飲酒。
	44.	你中意飲酒嗎？

21. 邊處有魚賣呀？

餓（肚餓）	45.	你餓嗎？
	46.	我好餓。
	47.	佢餓咗幾耐喇？
	48.	佢餓咗兩日喇。
使	49.	我使呢枝筆得嗎？
	50.	佢使咗好多錢。
	51.	你上個禮拜使咗幾多錢呀？
	52.	你聽日使唔使讀書呀？
就	53.	畀五文佢就賣喇。
	54.	佢就嚟喇。
	55.	我就有一個啫。
吓	56.	我想同你傾吓。
	57.	畀我睇吓得嗎。
	58.	我哋出去行吓好嗎？

常 用 語

唔緊要	59.	你去唔去唔緊要。
冇緊要	60.	係唔係冇緊要呀？
	61.	邊個話唔緊要呀？
聽見話	62.	聽見話而家啲嘢好貴係唔係呀？
	63.	聽見話你要去香港係唔係呀？
	64.	聽見話你而家好唔得閒係唔係呀？
隨便	65.	隨便你幾時嚟都得。
	66.	我隨便買咗兩張。
	67.	隨便坐！

對　話

A： 我想今晚去食唐餐，你去唔去呀？

B： 等我睇吓我得（閒）唔得閒同埋你去。啊！我今晚唔得閒，唔去得。

C： 我未食過唐餐，我同你去好嗎？

A： 好，你識使筷子嗎？

C： 我唔識，係唔係唔識使筷子就唔食得唐餐呀？

A： 唔係，你真係唔識使筷子吖？

C： 我真係唔識。

A： 冇緊要，你可以使刀义，酒館處有刀义，如果你想學使筷子我可以教你。

C： 學使筷子係唔係好難呀？

A： 唔係好難啫。

C： 你幾時學㗎？

A： 我前年喺香港學嘅。

C： 你同邊個學㗎？

A： 我同我啲中國朋友學嘅。

C： 係唔係要學好耐呀？

A： 啊！你咁聰明，一學就識喇。

C： 好話，好話，我哋去邊間酒館食呀？

A： 城裏邊第八街有一間酒館，聽見話嗰間酒館嘅菜好好。

C： 噉我哋就去嗰間啦。

A： 你中意食乜嘢餸呀？

C： 隨便啦。

A： 你中意食魚嗎？

C： 我好中意食魚。

A： 嗽我哋就食魚啦，我哋要一個乜嘢湯呀？

C： 菜湯好嗎？

A： 好，好，我哋要一個湯兩個菜我睇唔夠，我哋叫多
一個湯三個菜好嗎？

C： 唔好囉，夠囉，夠囉。

A： 使唔使叫佢哋攞的刀义喇呀？

C： 唔使喇，唔使喇。

例　句

I

1. 你去，我都去。

2. 佢唔喺企，我哋走囉。

3. 我睇書，唔睇報紙。

4. 我買枱，唔買椅，

5. 我買咗書，冇買報紙。

6. 我食唐餐，唔食西餐。

7. 我中意呢個唔中意嗰個。

8. 我識講英文，唔識講廣州話。

9. 我攞咗我本書，冇攞你本書。

10. 我去搵去過陳先生，冇去搵過李先生。

II

A： 1. 我想去法國玩吓，但係冇錢。

2.　我冇錢所以唔去得。

3.　我想卽刻去，但係而家唔得閒。

4.　佢今朝早去接佢嘅家人，所以佢唔得閒。

5.　呢個法子好好，但係我哋未學過。

6.　我哋冇學過咁做，所以唔識。

7.　佢好中意傾偈，但係佢做緊事嗰陣時 佢 唔 傾
偈。

8.　佢啲家人喺美國嚟咗所以佢好唔得閒。

9.　我叫佢卽刻嚟，但係佢話佢唔得閒。

10.　佢唔得閒同我一齊嚟所以我先嚟。

11.　尋晚我好癐，所以我冇讀書。

12.　我好耐冇接過佢哋嘅信喇，但係我知道佢哋個
個都好好。

13.　巴黎真係好玩喇，所以我哋喺嗰處住 咗 幾 個
月。

14.　佢叫我同埋佢一齊去，所以我而家喺呢 處 等
佢。

15.　我喺嗰處等咗你好耐喇，重未見你，所以我嚟
呢處搵你。

B.　1.　佢尋日搬嘅，因爲佢嘅家人嚟咗。

2.　我哋唔去得因爲今日冇飛機。

3.　我尋日冇嚟探你，因爲我好唔得閒。

4.　我冇學過寫中國字，因爲嗰陣時冇人教我。

5.　我冇法子問佢喺處做緊乜嘢，因爲呢處冇人識
講廣州話。

C.　1.　佢去咗兩日就返嚟喇。
　　2.　我讀咗一個月就冇讀喇。
　　3.　我去街買啲嘢就返嚟。
　　4.　佢哋喺巴黎住一個禮拜就坐火車去德國。
　　5.　佢哋喺巴黎住咗一個禮拜就坐火車去咗德國。
　　6.　陳先生喺處住咗兩晚就走咗喇。
　　7.　我飲咗兩杯就冇飲喇。
　8˙　嗰本書我睇咗一日就睇完喇。
　　9.　我寫完呢封信就去喇。
　10.　擠喺嗰處就得喇。

III

　　1.　如果你唔買我都唔買。
　　2.　如果有人問你你唔好講。
　　3.　因為佢今嘅家人嚟咗，佢呢幾日好唔得閒，佢
　　　　兩日冇嚟過呢處喇。
　4˙　因為今朝早我唔得閒（我）冇去火車站接你真
　　　　係唔好意思囉。
　　5.　因為今日天氣唔好，飛機唔飛得，佢話佢坐火
　　　　車嚟。
　　6.　如果我唔識我會問你。
　　7.　如果你今日唔得閒，（你）聽日得閒嗎？
　　8.　（如果）冇飛機坐，坐火車都好。
　　9.　如果有家人同埋你一齊去點解你唔坐飛機呢？
　10.　如果你今晚唔得閒你聽晚嚟啦，我有啲事想同

你傾吓。

11.　因爲廣州同上海都冇船嚟，生意唔好，我哋舊
　　　年賣咗嗰個生意囉。

12.　因爲佢唔飲（酒）兩隻杯夠喇。

13.　因爲嗰笪地方太細冇生意做，佢賣咗生意搬咗
　　　嚟呢處好耐囉。

14.　因爲間房太細唔擠得咁多嘢，我搬咗好多上去
　　　樓上。

15.　因爲我唔會講上海話冇法子問佢，唔該你同我
　　　問吓佢得嗎？

Ⅳ

A.　1.　因爲我尋日唔得閒所以冇嚟。

　　2.　因爲我知道你好中意食魚　，　所以我買咗兩條
　　　　魚。

　　3.　因爲嗰間酒館有西餐食，所以我哋嚟呢處。

　　4.　因爲冇刀义唔食得西餐，所以我去買咗兩副返
　　　　嚟。

　　5.　因爲我唔知道佢住喺邊處，所以我冇去搵佢。

　　6.　因爲你冇問過我，所以我冇講你聽。

　　7.　因爲我上個禮拜冇嚟，所以我冇讀過呢課書。

　　8.　因爲我冇錢，所以我冇買嗰件衫。

　　9.　因爲呢幾日有船嚟，所以啲嘢咁貴。

　10.　因爲我聽見話巴黎咁好玩，所以我舊年去玩咗
　　　　幾個禮拜。

B. 1. 我一到咗美國就寫信畀你。
     2. 我一見你就知道你係中國人。
     3. 佢一食完飯就出咗去喇。
     4. 李先生一教完書就返咗屋企喇。
     5. 我一到咗美國就買咗呢架車喇。
     6. 你真係聰明喇，嗰個字你一睇就識喇。
     7. 廣州話咁難學有冇法子一學就識呀？
     8. 佢一有錢就買衫，我一有錢就買酒。
     9. 我一食唐餐就想飲酒。
   10. 我一得閒就嚟。

C. 1. 如果天氣好，我哋就去。
     2. 如果冇刀义就要食唐餐喇。
     3. 如果我去上海就唔去北京。
     4. 如果佢聽日唔嚟佢就後日嚟。
     5. 你如果唔食飯就食乜嘢呀？
     6. 你如果唔做完呢件事我就唔畀錢你。
     7. 如果我有錢我就唔做事喇。
     8. 如果你唔寫信畀我，我就唔寫信畀你。
     9. 如果你唔同我去我就唔去喇。
   10. 如果我得閒（我）就嚟。（如果）我得閒就嚟。

V

A. 1. 你幾時嚟呀？   我就嚟（喇）。
     2. 張先生嚟咗未呀？   未，佢話就嚟喇。

3. 佢哋食完飯未呀？　　　　　佢哋就食完喇。
4. 黃先生幾時返嚟呀？　　　　佢就返嚟喇。
5. 你幾時返屋企呀？　　　　　我就（嚟）返屋企喇。
6. 佢幾時去上海呀？　　　　　佢就嚟去喇。
7. 你啲細蚊仔返嚟未呀？　　　未，佢哋就返嚟喇。
8. 點解佢重未嚟呀？　　　　　佢講我聽就嚟嚟喇。
9. 唔該你等吓佢喇，佢就食完飯喇。
10. 佢話佢即刻嚟點解重未嚟呀？
　　如果佢重唔嚟，我就去搵佢喇。如果佢重唔嚟
　　我就嚟去搵佢喇。

VI

1. 我哋出去行吓好嗎？
2. 你睇吓啱唔啱？
3. 我聽吓得嗎？
4. 等我想吓。
5. 請入嚟坐（吓）喇。
6. 我想去探（吓）佢。
7. 點解你唔問吓佢呢？
8. 有個朋友想去上海見吓佢。
9. 佢想去上海住吓。
10. 我好攰我想抖吓。
11. 你有冇喺上海住過呀？　　　我喺上海住過吓。
12. 佢係唔係好唔得閒呀？　　　係，唔該你等吓啦。
13. 你有冇學過廣州話呀？　　　我前幾年學過吓。

14. 黃先生尋晚有冇嚟過呀？黃先生尋晚嚟過吓。

15. 李先生有冇嚟過呀？
    李先生今朝早嚟過又走咗囉。

16. 李太太中（意）唔中意嗰張枱呀？
    佢睇咗吓嗰張枱，佢話嗰張枱太大佢唔中意。

17. 嗰件事真係難做囉，你知道點做嗎？
    嗰件事我想咗吓亦唔知點做。

18. 你尋晚攞返嚟嗰本書你睇過未呀？
    我今朝早睇過咗喇。

19. 你話你食過唐餐你會煮嗎？
    我食過吓唐餐但係我唔會煮。

20. 黃先生你係唔係喺嗰處教過書呀？
    係，我喺嗰處教過吓，因為嗰處天氣唔好，所
    以我嚟呢處。

請將下列各句譯成英文：

A： 我今晚想請兩個朋友返嚟食飯，你話煮啲乜嘢餸好
    呀？

B： 唔知你想請佢哋食唐餐食西餐呢？

A： 如果我哋請佢哋食唐餐，我哋有筷子嗎？

B： 等我睇吓夠唔夠，如果我哋有四雙就夠喇。

A： 如果食唐餐你話煮乜嘢餸好呀？

B： 屋企有魚有菜，呢條魚咁大可以做三碟餸，嗰啲菜
    可以做湯，咁可以夠喇。

A： 佢哋未飲過中國酒，屋企重有中國酒嗎？

B： 重有，但係冇幾多喇，唔緊要，我一陣間出去買。

A： 你出去買酒嗰陣時，買幾隻杯返嚟。

B： 你要幾隻乜嘢杯呀？

A： 我要四隻茶杯，四隻酒杯，茶杯唔好買嗰啲太細嘅，酒杯唔好買嗰啲太大嘅。

B： 你請呢兩位朋友佢哋姓乜嘢呀？

A： 一個姓陳，一個姓李，佢哋兩個都嚟過我哋處食過飯嘅喇。

B： 佢哋啲家人嚟咗未呀？

A： 重未嚟，今晚係禮拜六晚，所以我想請佢哋食餐飯。

B： 啱喇，你知道今日係幾時嗎？今日係八月十五。

第十六課

生　字

妹　　　　　　　1. 你有幾多個妹呀？

　　　　　　　　2. 你嘅妹喺邊處讀書呀？

名　　　　　　　3. 你知唔知佢嘅名呀？

　　　　　　　　4. 你知唔知嗰隻船嘅名呀？

歲　　　　　　　5. 佢而家幾（多）歲喇？

　　　　　　　　　佢而家三歲喇。

　　　　　　　　6. 佢而家唔係四歲（喇）咩？

意思　　　　　　7. 呢個字乜嘢意思呀？

　　　　　　　　　呢個字係唔係有幾個意思呀？

　　　　　　　　8. 你嘅意思（係）唔係今日唔去呀？

　　　　　　　　　我冇咁嘅意思。

　　　　　　　　9. 佢嘅意思（係）想學講中國話唔係學

　　　　　　　　　寫中國字。

墨水筆（枝）　　10. 你枝墨水筆喺邊處買㗎？

　　　　　　　　　　唔係買嘅，係一個朋友送嘅。

　　　　　　　　11. 你枝墨水筆（係）喺美國買㗎吖？

匙羹（隻）　　　12. 匙羹有幾好挺，有茶匙，湯匙⋯⋯⋯⋯

一羹　　　　　　13. 兩羹夠未呀？　　　　一羹就夠喇。

爸爸，父親　　　14. 佢爸爸有冇嚟呀？　　佢爸爸冇嚟。

老竇	15.	你爸爸喺邊處呀？
媽媽，老母	16.	你媽媽喺（屋）企嗎？
母親	17.	你媽媽返咗嚟未呀？
嬲	18.	你嬲乜嘢呀？　　　我冇嬲乜嘢。
	19.	唔好嬲囉。
快（趣）	20.	邊架車快呀？　　　嗰架車快。
	21.	坐船快，坐火車快呀？
慢	22.	坐船去係唔係好慢㗎？
		唔係幾慢啫。
	23.	點解呢隻船咁慢㗎？
記得	24.	你記得佢係邊個嗎？
		我記得佢係你嘅學生。
	25.	點解你會唔記得呀？
	26.	你記得嗰個字點寫嗎？
唔記得	27.	你又唔記得咗喇？我又唔記得咗喇。
	28.	你會唔會唔記得呀？
叫（做）	29.	佢叫(做)乜嘢名呀？
		佢叫(做)張伯新。
	30.	你嘅細蚊仔叫(做)乜嘢名呀？
幫	31.	佢有冇幫你呀？　　　佢冇幫我。
	32.	你使唔使我幫你呀？
	33.	你幫吓我得嗎？
開	34.	你會開嗎？　　　我唔會開。
	35.	火車開咗未呀？
明白	36.	我唔明白佢嘅意思。

37. 你而家明白未呀？
    我而家重未明白。

次（趟） 38. 你去過幾多次呀？
         我去過好幾次喇。

    39. 你食過幾多次唐餐呀？

用 40. 我用吓你枝筆得嗎？
       我而家唔用，你用喇。

    41. 筆有乜嘢用呀？筆可以用嚟寫字。

有用 42. 呢枝筆係唔係好有用呀？
         係，呢枝筆好有用。

    43. 佢係唔係好有用呀？

冇用 44. 嗰枝筆太舊，冇用喇。

    45. 呢張枱已經冇用喇。

    46. 你點知呢枝筆冇用呀？

再 47. 你再想吓。

    48. 我想再去兩次。

    49. 我好瘤我冇法子再讀喇。

    50. 你聽日再嚟啦。

    51. 好，我聽日再嚟。

重係 52. 我重係唔識。

    53. 呢隻船就係喇。

    54. 你真係唔識呀。

即係 55. 呢隻船即係嗰隻船。

頭 56. 呢次係你頭一次坐飛機吖？
       唔係頭一次係第二次喇。

	57.	呢次係唔係你頭一次食唐餐呀？
無論	58.	無論幾好我都唔買。
	59.	呢課書我無論點都唔識。
	60.	無論（係）新嘅舊嘅，我都要。
譬如（話）	61.	譬如（話）你而家有好多錢……
	62.	譬如佢唔嚟得就點呀？
	63.	譬如今日冇飛機去香港你坐乜嘢去呀？
添	64.	佢想買兩個添。
	65.	我想（重）食啲添。
	66.	佢想去法國添。
	67.	我想買錶添。
上堂	68.	你今日上咗幾多堂喇？
落堂		我上咗四堂喇。
	69.	幾時上堂呀？
	70.	幾時落堂呀？
	71.	你去邊處上堂呀？

常 用 語

你話……　　你話啱唔啱呀？　　你話嗰架車靚唔靚呀？

故　　事

　　細妹今年六歲喇，　上個禮拜係佢第一日去學校處讀書，佢爸爸話：「今日你去學校處讀書，　我同你媽媽畀

一個新嘅名你， 叫做美好，你姓陳，所以叫陳美好，你
中意呢個名嗎？」細妹話：「係唔係我而家有兩個名，一
個叫做細妹，一個叫做陳美好呀？佢爸爸話：「係喇」。

　　頭一日上堂嗰陣時， 先生話：「陳美好，你行埋嚟
呢處。」邊個都唔知先生叫緊邊個。

　　第二日佢爸爸問佢： 「細妹你記得你嘅新嘅名叫做
乜嘢嗎？」細妹話：「 係唔係叫做『你好』呀？爸爸！」
佢爸爸話：唔係『你好』係『美好』， 但係嗰日係學校
處佢又唔記得咗佢嘅名喇， 佢爸爸就話：「 細妹你知道
你嘅名係乜嘢意思嗎？ 『 美 』就係美國嗰個『 美 』字，
『 好 』就係『 好唔好 』嗰個『 好 』字， 譬如我咁講你
就明白喇，你姓陳，你係喺美國出世嘅， 你出世呢笪地
方真係好喇，所以你叫做陳美好， 陳美好就係細妹就係
你，你記得未呀？ 」 細妹話：「 呢次我點都記得喇。」

　　嗰晚， 佢爸爸有個朋友嚟探佢哋，佢問細妹：「 你
叫做乜嘢名呀？ 」 細妹話：「 我喺屋企處爸爸媽媽個個
都叫我做細妹， 喺學校處先生叫我做陳美好， 陳美好就
係細妹， 細妹就係我。」

例　　句

I

A.　1.　你想要乜嘢呀？　　　　　　　我唔要乜嘢。
　　2.　你舊年有冇去過邊處玩呀？　　冇去過邊處？
　　3.　你哋間學校有幾多學生呀？　　冇幾多啫？

4. 你有幾多本中國書呀？　　　　冇幾多本啫。

5. 你睇過邊本英文書呀？　我冇睇過邊本英文書。

6. 火車到咗幾耐喇？　　　　　　冇幾耐啫。

7. 枱上邊有乜嘢呀？　　　　　　冇乜嘢。

8. 邊個喺房裏邊呀？　　　　　　冇邊個。

9. 佢會唱幾多首歌呀？　　　　　冇幾多首啫。

10. 你畀咗佢幾多錢呀？　　　　　冇幾多錢啫。

B. 1. 你要乜嘢呀？　　我乜嘢都要，我乜嘢都唔要。

2. 你中意邊樣呀？

  我樣樣都中意，我樣樣都唔中意。

3. 邊個知(道)呢件事呀？　邊個都知(個個都知)。

  邊個都唔知(個個都唔知)。

4. 邊處有酒賣呀？　　　　處處都有，處處都冇。

5. 邊枝筆係你㗎？

  枝枝筆都係我嘅，枝枝都唔係我嘅。

6. 你幾時嚟得我處呀？　　　　幾時都得。

7. 你話邊首歌好聽呀？　　　　首首都好好聽。

8. 你哋邊個學過唱歌呀？

  我哋個個都學過，我哋個個都未學過。

9. 你哋邊個會講英文呀？

  我哋都會，我哋個個都唔會。

10. 你話邊件衫靚呀？

  件件衫都好靚，件件衫都唔幾靚。

C.   1. 你要幾多呀？   我一啲都唔要。

     2. 你要幾多個呀？   我一個都唔要。

     3. 你識寫幾多個中國字？   我一個都唔識。

     4. 你去過上海嗎？   我一次都未去過。

     5. 你有幾多錢呀？   我一個仙都冇。

     6. 你使晒你啲錢未呀？   我一個仙都未使。

     7. 你知佢哋講乜嘢嗎？   我一啲都唔知。

     8. 邊架車靚呀？   一架都唔靚。

     9. 你呢個禮拜有冇寫過信呀？

         我一封信都冇寫過。

   10. 你係唔係嚟過呢處好多次喇？

         我一次都未嚟過。

D.   1. 佢點都唔嚟。

     2. 點都得。

     3. 我點問佢都唔講。

     4. 嗰架車幾靚我都唔中意。

     5. 佢好中意嗰件衫佢話幾貴都買。

     6. 乜嘢書佢都中意睇。

     7. 邊個話佢都唔聽。

     8. 邊個要佢都唔畀。

     9. 邊枝筆佢都要寫吓。

   10. 邊個嘅車佢都要坐吓。

   11. 嗰間舖頭幾時都有嘢賣。

   12. 聽日天氣好唔好我都要去。

13. 貴唔貴我都要。
14. （無論）佢係邊個都要畀錢。
15. （無論）我去邊處都記得你。

Ⅱ

A. 1. 你使佢去做乜嘢呀？   我使佢去買啲嘢。
    2. 你使佢去邊處呀？我使佢去香港同我買啲嘢。
    3. 點解佢唔使你去，使我去呀？
                              佢話我太瘦，唔去得。
    4. 佢使你咁做點解你唔咁做呀？
                              因爲我冇學過咁做。
    5. 點解你尋日唔講我聽呢？佢使我唔好講你聽，
       所以我冇講你聽。
    6. 佢使我去中國學廣州話，我話唔使去中國學，
       我可以喺呢處學。
    7. 今晚我使嚟嗎？   你今晚唔使嚟，聽晚嚟啦。
    8. 使唔使我同你去呀？   唔使，我自己去得啦。
    9. 你聽日使唔使教書呀？
                              聽日係禮拜六我唔使教書。
   10. 陳先生我哋使唔使讀晒呢課書呀？
           你哋唔使讀晒呢課，但係要讀晒嗰課。

B.

(1) 1. 你用邊本書（嚟）學廣州話㗎？
     2. 你用乜嘢嚟飲湯呀？

3.　你可以用墨水筆（嚟）寫中國字嗎？
4.　你係唔係用呢架車（嚟）教佢哋呀？
5.　我可以用呢張紙寫信嗎？

(2)　1.　邊本書係用嚟學廣東話㗎？
　　　　呢本書係用嚟學廣東話嘅。
　　2.　碗同筷子係用嚟做乜嘢㗎？
　　　　碗同筷子係用嚟食唐餐嘅。
　　3.　乜嘢係用嚟飲湯㗎？　　　匙羹係用嚟飲湯嘅。
　　4.　呢啲嘢係愛嚟做乜嘢㗎？
　　　　呢啲嘢係愛嚟玩嘅，嗰啲嘢係愛嚟食嘅。
　　5.　嗰架飛機係用乜嘢做㗎？
　　　　嗰架飛機係用紙做嘅。

C.
　　1.　唔該你幫我寫封信好嗎？
　　2.　你幫我做呢件事得嗎？
　　3.　佢幫你做過幾耐呀？
　　4.　你要我幫你做乜嘢呀？
　　5.　呢架車邊個幫你買㗎？
　　6.　我想叫兩個人幫我揹啲嘢去火車站。
　　7.　你幫我上樓上去叫佢落嚟得嗎？
　　8.　唔該你幫我想吓，佢嘅名係唔係叫做德法呀？
　　9.　如果佢可以幫你煮飯，我幫你煮餸，一陣間我
　　　　哋就有飯食喇。
　10.　你使唔使我幫你（搬呢啲枱）呀？

呢張（枱）唔使喇，我自已得啦，你幫我搬吓
嗰張得嗎？

Ⅲ

A． 1． 上次點解你唔嚟呀？
2． 呢次係我第二次食唐餐。
3． 你呢次去香港係唔係坐飛機去呀？
4． 你上一次點樣嚟呢處㗎？
5． 你上次同邊個去香港㗎？
6． 你嗰次去上海有冇搵過佢呀？
7． 你前次去搵佢佢喺唔喺（屋）企呀？
8． 我每次去佢屋企佢都請我喺佢處食飯，真係唔
好意思。
9． 頭兩趟佢哋都好客氣，呢兩趟冇咁客氣喇。
10． 上（一）次我唔得閒冇同你去真係唔好意思喇，
第二次我一定同你去。

B． 1． 你嚟過呢處幾多次喇？
2． 我去過中國好多次。
3． 我今年去探過佢一次啫。
4． 佢講咗三四次我重未明白佢講乜嘢。
5． 唔該你再講一次得嗎？
6． 我坐過呢隻船好多次喇，次次都咁慢嘅。
7． 點解我叫咗佢兩次重未嚟呀？
8． 我舊年食過兩次唐餐，今年未食過。
9． 呢課書我哋今日再教一次。

10. 我搵咗佢好多次佢都唔喺（屋）企，我想聽日再去搵佢一次添。

IV

1. 你讀書嗰間學校叫做乜嘢名呀？
   叫做中美學校。
2. 你記得嗰間酒舘叫做乜嘢名呀？
   我一啲都唔記得喇。
3. 邊個叫做陳日新呀？　　　佢叫做陳日新。
4. 佢兩個女叫做乜嘢名呀？
   佢嘅大女叫做大妹，細女叫做細妹。
5. 你就係黃德法喇，係唔係？
   我姓黃，但係我嘅名唔叫做德法。
6. 呢張枱係愛嚟食飯嘅所以我哋叫佢做食飯枱，嗰張係用嚟寫字嘅所以叫佢做寫字枱。
7. 點樣叫做好學生呀？係唔係嗰啲好中意讀書嘅學生我哋叫佢哋做好學生呀？

練　習

1. 嗰件衫一啲都唔靚點解你咁中意呀？
2. 嗰啲字係佢自己寫嘅，我一啲都冇幫過佢。
3. 件件嘢都好有用，但係我冇咁多錢買。
4. 日日都有船去香港，但係邊隻船快，邊隻船慢我就唔知喇。
5. 隻船已經開咗兩日喇，佢重一啲都唔知。

6.　巴黎真係好玩喇，我重想去兩次添。

7.　你唔記得佢嘅名有緊要，你記得佢姓乜嘢嗎？

8.　墨水筆愛嚟寫英文好好，如果要寫中國字重係用中國筆好。

9.　若你唔講我知，我而家重未知呢件嘢係愛嚟做乜嘢嘅。

10.　你呢個意思好好，呢件嘢如果咁用就好有用喇。

11.　譬如佢一句廣東話都唔識，我同佢講英文佢會明白我嘅意思嗎？

12.　譬如一張報紙（咁）如果冇人睇，咁有乜嘢用呀？

13.　（無論）你點嬲都有用喇，叫佢第二次唔好唔記得就得喇。

14.　無論幾時有船都請你講我知。

15.　無論呢件嘢幾多錢，如果呢件嘢有用，就幾貴都唔貴。

第十七課

生　字

朝(頭)早　　　1.　你朝（頭）早做乜嘢呀？
朝　　　　　　　　我朝（頭）早讀書。
　　　　　　　2.　你今朝早做乜嘢呀？
　　　　　　　　　我今朝早乜（嘢）都冇做。
　　　　　　　3.　你聽朝早嚟嗎？
　　　　　　　　　我聽朝早唔嚟，後日朝早嚟。
　　　　　　　4.　佢前日朝早喺邊處呀？
　　　　　　　　　佢前日朝早重喺香港未返嚟。
晚頭黑　　　　5.　你晚頭黑讀書嗎？
（晚黑，晚頭）　　我晚頭黑唔讀書。
　　　　　　　6.　晚頭黑嗰條街好難行，唔好去囉。
　　　　　　　8.　我今晚聽晚都唔得閒我後晚嚟得嗎？
　　　　　　　8.　一晚兩晚冇緊要，如果晚晚係咁就唔得喇。
日頭　　　　　9.　佢聽日日頭得閒嗎？
日頭　　　　　　　佢日頭唔得閒，晚頭得閒。
　　　　　　10.　今日日頭真係好喇。
　　　　　　11.　佢而家日頭做事，晚頭讀書吖？

晏晝	12.	你晏晝喺邊處食飯呀？
		我晏晝返屋企食飯。
	13.	你喺邊處食晏晝呀？
		我喺屋企食晏晝。
上晝	14.	你聽日上晝得閒嗎？
		我上晝唔得閒，下晝得閒。
	15.	你下晝幾點鐘落堂呀？
點（鐘）	16.	而家幾點（鐘）喇？
		而家三點（鐘）喇。
	17.	你幾點鐘返屋企呀？
鐘點	18.	佢去咗嗰處兩個鐘點喇，重未返
點鐘		嚟。
	19.	我每日讀三個鐘點書就好癐喇。
分（鐘）	20.	一點鐘有幾多分鐘呀？
		一點鐘有六十分鐘。
	21.	喺呢處去香港嘅船幾分鐘一次呀？
一個（骨）	22.	佢話佢兩點三個骨嚟呢處。
三個（骨）	23.	而家三點一個骨未呀？
		而家三點一個骨喇。
早餐	24.	你食咗早餐未呀？　我未得閒食。
	25.	你每日幾點鐘食早餐㗎？
晚餐	26.	幾點鐘食晚餐呀？
		我哋六點半鐘食晚餐。
	27.	你食咗晚餐未呀？
路（條）	28.	呢條路去邊處㗎？

呢條路去香港嘅。

29.　行呢條路去香港啱嗎？

地址（住址）　30.　你畀你嘅地址我得嗎？

31.　你記得佢嘅地址嗎？

門牌（號）　32.　嗰間屋幾多號門牌呀？

佢住喺上海路，十七號門牌。

33.　你嗰處門牌幾多號呀？

瞓覺　34.　你啲細蚊仔瞓咗覺未呀？

瞓　　佢哋瞓咗好耐囉。

35.　你每晚瞓幾多點鐘呀？

晏覺　36.　佢瞓緊晏覺吖？

唔係，佢今日冇瞓晏覺。

37.　你係唔係日日都瞓晏覺呀？

起身　38.　佢起咗身嘑？　佢未起身重瞓緊。

39.　你今朝早幾點鐘起身㗎？

早　40.　而家好早啫。

41.　佢咁早嚟做乜嘢呀？

42.　唔該你講佢聽聽朝早唔使咁早嚟。

遲　43.　點解咁遲呀？

44.　第二次唔好咁遲喇。

45.　佢話佢遲兩日嚟。

晏　46.　點解咁晏佢重未嚟呀？

47.　而家係唔係好晏喇？

而家好晏喇，六點幾鐘喇。

啱　48.　我咁講啱嗎？　　　你咁講啱喇。

	49.　呢件衫啱唔啱呀？
	50.　佢話呢個啱，我話嗰個啱，你話邊個啱呀？
啱啱（正話）	51.　佢啱啱走咗。
	52.　佢啱啱喺美國返嚟。
	53.　正話入嚟嗰個係邊個呀？
	54.　我正話去咗買嘢，你等咗我好耐嘷？
	55.　啱啱聽日有架飛機去美國。
醒（或瞓醒）	56.　佢醒咗未呀？　　佢而家醒緊。
叫醒	57.　你今朝早幾點鐘醒㗎？
	58.　佢而家重未醒呀，你去叫醒佢好嗎？
返工	59.　你聽日使返工嗎？
返學	我聽日唔使返工。
	60.　你啲細蚊仔返晒學未呀？
	61.　你朝頭早幾點鐘返學呀？
放工	62.　佢幾點鐘放工呀？佢五點鐘放工。
放學	63.　你幾點鐘放學呀？
掙	64.　重掙幾多錢呀？　重掙兩文。
	65.　你係唔係掙佢錢呀？
	66.　你掙佢幾多錢呀？我掙佢三百文。
過	67.　過咗三點（鐘）未呀？
	過咗好耐囉。
	68.　過咗幾耐喇？

69. 過咗呢個月佢就返嚟啦。

抑或，或係　　70. 你中意呢個抑或嗰個呀？
　定（係）　　71. 係你去定係佢去呀？
　　　　　　　72. 喺呢處入（去）抑或喺嗰處入（去）呀？

或者　　　　　73. 今日係禮拜一定（係）禮拜二呀？
　　　　　　　74. 聽日我或者唔得閒。
　　　　　　　75. 我或者去或者唔去。
　　　　　　　76. 或者佢知。
　　　　　　　77. 佢話佢或者嚟。
　　　　　　　78. 你中意邊個呀？
　　　　　　　　　呢個或者（抑或，或係）嗰個都得。

有時　　　　　79. 我有時中意食西餐，有時中意食唐餐。
　　　　　　　80. 呢個禮拜有時有有時冇。
　　　　　　　81. 你係唔係有時好中意飲酒呀？

應份　　　　　82. 我應份今日去，但係我而家唔得閒。
　（應該）
　　　　　　　83. 你應份講我知嗰件衫幾多錢？
　　　　　　　84. 呢件事應份邊個做呀？

對　話

A：一日有幾多點鐘呀？
B：一日有廿四點鐘。

A： 一點鐘有幾多分鐘呀？

B： 一點鐘有六十分鐘。

A： 點樣叫做一個字呀？

B： 每五分鐘叫做一個字。

A： 咁，一點鐘係唔係有十二個字呀？

B： 係，一點鐘有十二個字。

A： 幾多分鐘係一個骨（鐘）呀？

B： 十五分鐘係一個骨。

A： 咁，一個骨卽係三個字係唔係呀？

B： 係，一個骨卽係三個字，而家係幾點鐘喇。

A： 而家………

B： 而家啱啱三點。

A： 點解你唔話三點鐘呢？

B： 話三點抑或三點鐘都得。

A： 譬如我問你，你今晚讀咗幾耐書呀？咁你點講呀？

B： 如果你咁問我，我就話我尋晚讀咗兩個鐘點書，或者話我尋晚讀咗兩點鐘嘅書。

A： 譬如我問你嚟咗幾耐喇？

B： 我可以話嚟咗兩點半鐘喇，或者兩個半鐘點喇。

A： 點解你唔話兩點六個字抑或兩點兩個骨呢？

B： 因爲半點鐘就係半點鐘，有時有啲人話兩個骨嘅。

A： 我可以話三十分鐘嗎？

B： 可以，你可以話，半點鐘或者三十分鐘都得，而家幾點鐘喇。

A： 而家三點………三個字啱唔啱呀？

B： 啱喇，如果你唔話三點三個字你點話呀？
A： 我可以話三點一個骨或者三點十五分，啱唔啱呀？
B： 好啱，而家夠三點三個骨未呀？
A： 未。
B： 重掙幾耐呀？
A： 重掙一個字。
B： 噉，即係幾（多）點（鐘）呀？
A： 三點四十分。
B： 噉，重掙幾多個字四點呀？
A： 重掙四個字四點。
B： 而家過咗三點三個骨未呀？
A： 未，而家啱啱三點三個骨。

例　　句

I

一點
　　一點零兩分。
　　一點一個字，（或）一點零五分。
兩點
　　兩點零七分。
　　兩點十分（或）兩點兩個字。
三點
四點
　　四點十二分。
　　四點十五分（或）四點一個骨（或）四點三個字。

五點

 五點廿五分（或）五點五個字。

六點

 六點三十分（或）六點半(但不能講)六點六個字。

七點

 七點四十五分（或）七點三個骨(或)七點九個字。

八點 九點 十點 十一點 十二點

II

A：而家係唔係好晏喇？

B：唔係幾晏啫。

A：我今日（嚟）遲咗，唔知夠鐘未呢？

B：未，而家重早。

A：重掙幾耐夠九點呀？

B：重掙廿五分鐘。

A：到咗九點未呀？

B：已經過咗囉。

A：過咗幾耐喇？

B：過咗一個字喇。

A：而家夠九點兩個字未呀？

B：未，重掙四分鐘。

III

A. 1. 我就去過兩次啫。

  2. 我就有三文啫。

3.　我就識講幾句啫。
4.　我就買咗幾個啫。
5.　我就睇過一次啫。
6.　舊年我就見過佢一次啫。
7.　呢處就係佢一個會講英文啫。
8.　我今日就上咗一堂啫。
9.　我尋晚（就）瞓咗三點鐘嘅覺啫。
10.　我就遲咗半分鐘啫，火車已經開咗囉。

B．　1.　唔係幾晏啫，啲細蚊仔重未放學。
2.　呢個錶唔係幾貴啫，點解你唔買畀佢呢？
3.　呢句話唔係幾難學啫，你學幾次添就識嘑。
4.　唔係幾遲啫，重未上堂。
5.　呢本書唔係幾好睇啫。

IV

A：陳先生好耐冇見，你幾好嗎？啲家人都幾好嗎？
B：個個都好，有心，你而家啱啱放工吖？
A：係喇，啱啱放工，你而家得閒嗎？請過嚟我處坐吓
　　喇。
B：你而家係唔係重係喺上海街住呀？
A：唔係，我上個月啱啱搬咗屋，我就住喺呢條街啫，
　　行過去幾間就係喇。
B：而家幾點鐘喇？
A：而家五點三個骨。

B： 我啱啱六點鐘有啲事，要去見一個朋友，第二日我
一定嚟探你，你嗰處門牌幾多號呀？

A： 我嗰處門牌六十七號，你係唔係重住喺北京路呀？

B： 啊，我唔記得講你知，我上個月亦都搬咗，因爲我
啲家人喺廣州嚟咗，我住緊嗰笪地方太細，所以搬
咗去九龍，我而家嘅地址係：九龍，巴黎路，三百
四十七號二樓，幾時得閒請嚟我哋處玩吓喇，而家
就嚟六點喇，我要去喇，第（二）日見，第（二）
日見。

練　習 —— 年，月，日，地址

請繙譯成廣東話：

1245年　　1894年　　1951年　　1789年　　1953年

1914年　　1600年　　1932年　　1940年

請答下列各問題：

1. 你知唔知黃先生住喺邊處呀？
2. 你住喺呢條街幾多號門牌呀？
3. 你嘅地址係邊處呀？
4. 你喺美國嘅地址係邊處呀？
5. 你學校嘅地址係邊處呀？

練　習

1. 而家幾多點鐘呀？　　　而家四點半。
2. 你嚟咗呢處幾耐喇？　　　嚟咗點幾鐘喇。
3. 你喺屋企行嚟呢處要幾耐呀？　　　要半點鐘。
4. 火車開咗幾耐喇？　　　啱啱開咗啫。
5. 你學校幾點鐘上堂呀？　　　朝頭早八點。
6. 你晚頭讀書嗎？　　　我過咗九點就唔讀喇。
7. 兩點鐘未呀？重掙幾耐呀？
　　未到兩點鐘，重掙兩分鐘。
8. 而家過咗（一）點半鐘未呀？而家三點幾囉。
9. 過咗幾耐呀？　　　過咗好耐囉。
10. 呢架飛機幾點鐘開呀？　　　遲半點鐘開。
11. 你哋每日上幾多點鐘堂（課）呀？
　　我哋每日上六點鐘堂。
12. 我哋已經讀咗幾多點鐘書喇？
　　我哋讀咗三點鐘書喇。
13. 佢返咗去幾耐喇？　　　佢返咗去點幾鐘喇。
14. 你等咗我幾耐呀？　　　冇幾耐啫。
15. 你每晚瞓幾多點鐘覺呀？
　　我每晚要瞓八個鐘點嘅覺。
16. 你每晚幾點鐘瞓覺呀？　　　我每晚十點鐘瞓覺。
17. 你每朝幾點鐘起身呀？　　　我每朝六點鐘起身。
18. 你哋聽日幾點鐘去呀？我哋聽日十一點鐘去。
19. 你下個禮拜一幾點鐘嚟呀？

我下個禮拜一上晝九點一個骨嚟。

20. 陳先生同李先生去咗幾耐喇？
    佢哋去咗三四點鐘喇。

21. 夠未呀？如果未夠重掙幾多呀？
    重掙好多你卽刻去攞喇。

22. 點解你咁遲嚟呀？　我正話唔得閒所以遲咗。

23. 你重記得你掙我幾多錢嗎？
    我重掙你錢咩？點解我一啲都唔記得呀？

24. 佢係唔係朝頭早好早起身㗎？有一個人朝頭早
    唔想起身，晚頭黑唔想瞓覺，你知嗰個人係邊
    個嗎？　　嗰個人就係佢喇。

25. 你聽日坐船抑或坐飛機去香港呀？
    我或者坐船去，因爲我同一個朋友去，佢中意
    坐船。

第十八課

生　字

印度	1. 你去過印度嗎？ 我啱啱喺印度返嚟。
	2. 印度好玩嗎？
南京	3. 你喺南京住過嗎？我喺南京住過好耐。
	4. 你喺南京住過幾耐呀？
天津	5. 聽日有船去天津嗎？
	6. 呢啲酒係（喺）天津嚟嘅。
快車	7. 你坐快車去吖？係，唔知今日有冇快車呢？
	8. 如果冇快車我就坐飛機去囉。
介紹	9. 我同你哋兩位介紹吓。
	10. 你介紹我去見吓佢好嗎？
	11. 陳先生正話已經介紹過喇。
打算	12. 我打算出年去中國。
	13. 佢打算幾時去呀？ 佢乜嘢打算都冇。
	14. 你呢個禮拜六打算去邊處玩呀？
覺得	15. 你覺得點呀？我覺得好好。

	16.	你覺得呢件事咁做啱嗎？
打仗	17.	上次打仗嗰陣時你喺邊處呀？
		打仗嗰陣時我喺中國。
	18.	邊年打完仗㗎？你記得嗎？
對	19.	佢對我話……
	20.	你對佢哋講咗乜嘢呀？
	21.	我對呢件事一啲都唔知。
	22.	你對我哋真係好喇。
開心	23.	我覺得好開心。
	24.	你睇啲細蚊仔幾開心！
	25.	點解今日佢咁開心呀？
自在	26.	嗰張椅好自在。
	27.	佢架車好自在，我坐（咗）一日都唔覺得癐。
	28.	坐飛機你覺得自在嗎？
安樂	29.	佢而家好安樂喇。
	30.	呢間屋真係安樂喇。
	31.	遲幾年你就好安樂喇。
出名	32.	呢處邊間餐館出名呀？呢處冇邊間出名嘅餐館。
	33.	呢間餐館邊個菜出名呀？
平	34.	嗰間舖頭樣樣嘢都好平。
	35.	貴嘅好貴，平嘅好平。
	36.	你要貴㗎要平㗎？
方便，便	37.	如果唔方便就唔好囉。

	38.	有架車真係方便囉。
	39.	係唔係好唔（方）便呀？
會	40.	我聽日會去。
	41.	佢會嚟嗎？
	42.	你出年會去中國嗎？
以前	43.	你以前食過唐餐未呀？我以前未食過。
	44.	你以前識佢嗎？
以後	45.	以後我唔坐船去喇。
	46.	以後佢冇嚟（過）喇。
	47.	佢以後點呀？
....之前 （或以前）	48.	我走之前一定嚟探你。
	49.	我每日七點鐘以前起身。
	50.	我聽日九點以前嚟搵你。
....之後 （或以後）	51.	我返工之後有冇人嚟搵過我呀？
	52.	我哋讀完呢本書之後重要讀幾耐呀？
	53.	你走咗之後一陣間佢就返嚟喇。
舊時 （從前，往時）	54.	舊時佢冇錢，而家佢好有錢喇。
	55.	舊時啲屋唔係咁樣嘅。
從來都 （一向都）	56.	我從來都係咁做嘅。
從來未	57.	我從來未食過咁好食嘅唐餐。

（一向唔）	58.	我從來唔知佢會講中國話。
將來	59.	邊個都唔知將來點樣。
	60.	而家讀嘅書將來一定有用。
	61.	呢件事將來一定好難做。
本來	62.	本來我唔中意食，而家我好中意食。
	63.	佢本來係教書嘅先生，而家佢係讀書嘅學生。
	64.	我本來唔想去，但係我而家冇事做，我哋去睇吓好嗎？
	65.	你本來係做乜嘢㗎？
後來	66.	後來點呀？
（收尾）	67.	收尾佢有冇再嚟過呀？
	68.	後來佢唔飲喇。
收尾	69.	收尾嗰幾年佢有唱歌喇。
收尾……	70.	我中意收尾嗰個。
	71.	收尾嗰架車係邊個㗎？
近來	72.	近來幾好嗎？
	73.	我近來冇去。
	74.	佢近來有信嗎？
頭先	75.	頭先我唔得閒。
（正話）	76.	你頭先去咗邊處呀？
	77.	頭先你講乜嘢呀？
時時	78.	請時時嚟坐啦。
	79.	我時時都想買架新車。

	80.	你係唔係時時食唐餐呀？
平時	81.	佢平時唔飲酒嘅，但係有時飲好多。
	82.	平時呢本書賣三文。
	83.	你平時喺邊處食晏晝呀？
至	84.	佢聽日至嚟。
	85.	我讀完書至去。
	86.	至兩文啫。
漸漸	87.	我漸漸唔記得晒喇。
	88.	漸漸就冇咁難喇。
	89.	佢漸漸會行喇。
慢慢	90.	慢慢做都唔遲。
	91.	我慢慢會喇。
	92.	嗰隻船慢慢開緊喇。
做乜野	93.	做乜野佢唔嚟呀？
	94.	做乜野火車重未嚟呀？
	95.	尋日做乜野你冇嚟探我哋呀？
答	96.	點解你唔答我呀？我唔知點答你。
	97.	呢句話好難答。
日本	98.	你有冇去過日本呀？

常　用　句

慢慢行　　　待慢晒　　　請回　　　請你同我問候⋯⋯
一路順風

故　事

　　我未嚟美國之前喺香港住過好幾年，嗰陣時我喺一間學校教書，有一個英國人佢亦喺嗰處教書。佢時時話想去北京玩吓，但係時時都唔得閒，收尾到咗一九四一年十二月，有一日佢對我話：「陳先生我時時都話去北京玩吓，呢一次真係去喇！你舊時喺北京住過，你介紹幾個朋友畀我得嗎？」我話：「得！你幾時去呀？」佢話：「下個禮拜啱啱有架飛機去北京，我打算喺北京住兩個禮拜；返嚟嗰陣時，我去上海南京玩幾日」。

　　嗰幾日我好唔得閒，佢買咗好多要用嘅嘢，佢一見到佢啲朋友就講佢哋知佢就嚟要去北京喇。

　　有一日佢又嚟搵我。佢話：「你下晝得閒嗎？同我出去飲茶好嗎？」我話：「（如果）你請飲茶我幾時都得閒」。

　　嗰日下晝我哋飲茶嗰陣時，佢話佢去北京之前想學幾句中國話，如果一句中國話都唔識一定好唔（方）便嘅，佢請我教佢幾句。

　　我教咗佢幾日，每日下晝教一個鐘點，佢每日朝頭早起身之後自己讀兩個鐘點，學咗幾日啫，佢就會講幾句喇，佢覺得好開心。

　　禮拜一嗰晚，佢請我喺酒館食晚飯，佢講我聽佢乜嘢都預備晒喇，今晚佢喺香港瞓。聽晚佢就喺北京瞓喇。我話：「我真係想返去北京玩吓，如果我可以同你一齊去你話幾好呀！」

第二日禮拜一，即係十二月八號， 日本同英國美國
打仗，我嘅英國朋友冇法子去北京， 佢覺得好唔安樂。
一九四五年打完仗喇，有一日佢嚟搵我， 佢話佢聽
日去北京 ，我話：「 呢次真係去喇！ 」佢話：「 我唔
知，聽日坐飛機到咗北京先至知。」我問佢：「 你以前
學嗰啲中國話重記得嗎？」佢話：「 我而家一句都唔記
得喇。」

例　　句

I

<table>
<tr><td>以前</td><td>以後</td></tr>
<tr><td>從來都</td><td>從來未</td></tr>
<tr><td>一向都</td><td>一向唔</td></tr>
<tr><td>舊時，往時，從前</td><td>而家，將來</td></tr>
<tr><td>本來</td><td>後來</td></tr>
<tr><td>近來</td><td>收尾</td></tr>
</table>

1.　你以前喺邊處住呀（㗎）？
2.　以前我一句廣東話都唔識，而家我識講好幾句
　　喇。
3.　你以前有冇去過中國呀
4.　你以前識佢嗎？我識（咗）佢好耐囉。
5.　你以後打算做乜嘢（事）呀？
6.　上海真係好玩喇，我以後重想去。
7.　你叫佢以後唔好嚟喇。

8. 以後我冇寫過信畀佢。

9. 舊時有個細蚊仔………舊時有個出名嘅人話過：
    「………」

10. 舊時佢中意飲酒但係而家佢連一杯都唔飲喇。

11. 舊時樣樣嘢都平，而家樣樣嘢都貴。

12. 你舊時係唔係好中意食唐餐㗎？

13. 我從來都好中意食唐餐嘅。

14. 我從來未坐過飛機呢次係第一次。

15. 你將來讀完書打算做乜嘢（事）呀？

16. 佢真係一啲打算都冇而家就嚟讀完書喇，重唔
    知將來做乜嘢。

17. 你本來想去邊處㗎？

18. 張先生後來（或：收尾）有冇去上海呀？

19. 我本來尋日想嚟探你哋，收尾我唔得閒，所以
    冇嚟。

20. 本來我一句廣東話都唔識講，收尾我喺耶魯大
    學學咗兩個月，我而家識講幾句喇。

II

A. 1. 你瞓覺之前飲唔飲茶呀？

    2. 兩年之前我嚟過呢處一次。

    3. 嗰(一)年之前我冇去過香港。

    4. 你買嘢之前一定要問吓先：嗰件嘢幾（多）錢。

    5. 好，我今晚八點（鐘）以前一定到。

B． 1. 佢到咗北京之後有冇寫過信畀你呀？
     2. 佢哋食完飯之後就出咗去玩喇。
     3. 兩年之後佢就返嚟喇。
     4. 過咗頭兩個月之後就好(容)易喇。
     5. 佢食完三碗飯重想食三碗添。

C． 1. 你前日嚟探我嗰陣時我啱啱出咗去　，　唔好意
         思。
     2. 我飲酒嗰陣時中意有人同我傾偈。
     3. 我講廣州話嗰陣時請你唔好問 我 講 嘅 係乜嘢
         話。
     4. 舊年三月嗰陣時我去過一次。
     5. 舊年嗰陣時我重喺中國。

Ⅲ

A． 1. 我要讀完書至去。
     2. 佢去完法國至去德國。
     3. 你要幾點鐘至得閒呀？我(要)下晝三點鐘至得
         閒。
     4. 佢要幾多錢至賣呀？　佢要二十文至賣。
     5. 佢話十個銀錢唔夠，要廿五文至夠。
     6. 呢本書要識英文至讀得。
     7. 佢話佢要賣咗佢間屋至有錢。
     8. 佢話佢今晚唔返嚟，聽晚至返嚟。
     9. 我先送佢返屋企至嚟接你好嗎？

10. 你要食過唐餐至知道唐餐好食。
11. 我到咗尋日至知今日佢唔嚟。
12. 佢正話至講我聽。
13. 1951年我至嚟美國嘅。
14. 佢幾時至返嚟㗎？佢（至到）今朝早至返嚟嘅。
15. 你哋聽日至去好嗎？好，我哋聽日至去。

B. 1. 我食咗飯至去。我（一）食咗飯就去。
2. 我賣咗架車至有錢。我賣咗架車，就有錢喇。
3. 你（要）做事至有錢。你做事就有錢。
4. 佢話佢得閒至嚟。佢話佢得閒就嚟。
5. 佢幾點鐘嚟㗎？佢八點鐘至嚟嘅。佢八點鐘就嚟喇。
6. 你尋晚幾點鐘瞓㗎？我尋晚十點鐘至瞓嘅。我尋晚八點就瞓（咗）喇。
7. 你架車幾時買架？我舊年至買嘅。我前年就買咗喇。
8. 我至去過一次啫。我就去過一次啫。
9. 我至有三個銀錢啫。我就有三個銀錢啫。
10. 而家幾點鐘喇？而家至三點啫。

練　習

1. 而家佢咁會讀書，將來佢一定好會做事。

2. 佢從前一個禮拜嚟三次，而家一個禮拜嚟四次，以後佢日日都要嚟。

3. 佢本來打算讀完書(就)去上海做事，收尾佢冇錢讀喇，所以佢亦冇去上海。

4. 我食飯之前去搵過佢一次，食咗飯之後我又去搵過佢一次，佢都唔喺(屋)企。

5. 你去咗買嘢之後有兩個人嚟搵過你。

6. 有人話食飯之前唔好飲酒，有人話食飯之後唔好飲酒，你話邊樣啱呀？

7. 頭先點解你唔嚟呀？頭先我要嚟嗰陣時啱啱有人嚟搵我，我同佢講咗兩句(話)所以遲咗。

8. 以前我哋喺廣州住，收尾我哋搬咗去上海。

9. 嗰間酒館嘅菜咁貴，我哋以後唔好去喇。

10. 你哋搬嚟之後時時請嚟坐啦。

11. 唱緊歌嗰陣時請你哋唔好講說話。

12. 我去上海之後重想去北京玩幾日。

13. 佢一點鐘嗰陣時重喺呢處傾緊偈，或者佢而家已經返咗屋企囉。

14. 我食緊飯嗰陣時有冇人嚟搵過我呀？

15. 唔該你等吓我，我十分鐘之後就返嚟。

16. 平時佢返工之前一定(或：梗)嚟探我嘅，唔知佢今日做乜嘢唔嚟呢？

17. 近來佢漸漸會使筷子喇，所以我哋時時去食唐
     餐。
18. 1939年我本來想去巴黎玩嘅，收尾德國同法國
     打仗所以我冇去。
19. 而家佢啲細蚊仔漸漸大囉，個個都可以幫得吓
     佢囉，遲幾年添佢就好安樂囉。
20. 以前喺美國去中國要坐十幾日船，而家坐飛機
     三日就可以到喇，將來或者兩三點鐘就可以到
     喇。

請翻譯下列各句：

1. 我平時食完飯至讀書，讀完書至寫字。
2. 我要學完廣東話至去香港。
3. 我哋要先學講話，學完講話至學寫字。
4. 黃太太話佢要買完晒嘢至返屋企。
5. 你知唔知佢幾時得閒呀？佢今晚至得閒。
6. 佢話咁多重唔夠，要好多至夠。
7. 我晚晚都要食啲嘢至瞓得。
8. 唔緊要我九點鐘至返工。
9. 唔好叫醒佢，佢話佢今朝早八點鐘至返工。
10. 船幾點鐘開呀？十點至開，慢慢都唔遲。

溫習　第十三至十八課

故　事

一九四九年四月，我喺美國坐船去中國，喺船上邊我識咗一個朋友，佢姓張，佢係一九二四年喺美國出世嘅，從來未返過中國。

張先生一上船就識咗一位喺美國讀完書返香港嘅小姐，呢位小姐姓何。

船開咗之後第一日，張先生請何小姐飲茶，佢哋講美國嘅天氣，中國嘅天氣，香港嘅天氣。

第二日，張先生又請何小姐飲茶，佢哋講美國嘅學校同中國嘅學校，美國嘅學生，中國嘅學生同中國喺美國嘅學生。

第三日，佢哋一齊食唐餐，佢哋講美國邊笪邊笪地方好玩，邊間邊間餐館嘅餐好食。

第四日，張先生請何小姐飲酒，何小姐話：「我唔會飲酒。」嗰日張先生自己一個人飲咗啲酒之後，講咗好多話，何小姐坐喺張椅處一句話都冇講。

第五日，第六日，第七日，佢哋一齊食飯，一齊唱歌，一齊玩，佢哋兩個好開心。

第八日嗰晚，佢哋食完飯，喺船上邊行嚟行去，何小姐問張先生以前喺邊處讀過書喺邊處做過事，佢而家去香港做乜嘢，將來喺中國打算做乜嘢，　張先生聽見何小姐咁問佢，即刻一啲都講晒畀何小姐聽。

到咗第十日，（船）重掙四日就到香港喇，張先生請何小姐食飯，張先生話：「　我哋飲啲酒好嗎？」何小姐話：「隨便啦！」何小姐飲咗啲酒之後對張先生話：「我有一句話想問你。」張先生話：「　乜嘢呢！」何小姐話：「人人都話中國話好難學，　你話係唔係呀？」張先生話：「係！」

何小姐話：「　你以前有冇學過呀？　」張先生話：「我從來未學過。」何小姐話：「　你打算學嗎？」張先生話：「我未有呢個打算。」何小姐話：「　你係唔係覺得佢一定好難所以唔想學呀？」張先生話：「係！」

何小姐話：「　你從來未學過點知佢一定好難呢？」張先生想咗好耐先至答佢（話）「　何小姐我明白你嘅意思，你嘅意思係⋯⋯⋯⋯」

第十三日，船重掙一日就到香港囉，　佢哋兩個一齊食飯，啱啱我亦坐喺嗰張枱處，張先生介紹我識何小姐，何小姐話：「張先生你係美國人點解你咁會　講中國話呀？」「我話唔敢當！我本來係喺北京出世嘅，到咗十二歲先至返嚟美國。兩年（以）前我想去中國做事，但係有好多中國話我已經唔記得咗囉，　所以我請咗一位先生教我。我舊年學咗一年，　所以我而家至可以用中國話同你哋講話。　」何小姐聽見我咁講，冇講乜嘢就行咗出去。

第二日，船到咗香港，何小姐對我哋講：佢唔想喺旅館住，佢要即刻去上海，　喺上海去北京見佢媽媽。嗰

陣時上海已經打緊仗，冇船去上海，要坐火車至去得，
張先生話：「何小姐，我同你一齊去好嗎？」何小姐話
：「多謝你喇，張先生！喺中國唔識講中國話係好唔方
便嘅，你遲一兩年嚟北京探我啦。」

　　張先生同我送何小姐去火車站，我哋等火車開咗，
至喺火車站行出嚟。張先生自己對自己話：

　　如果兩年之後我至識佢，咁，佢就唔會話我係一個
唔會講中國話嘅中國人囉！」

對　話

A：啱啱我聽見有人話船今晚就可以到香港喇，唔知係
　　唔係呢？

B：我聽見話今晚八點鐘以前就可以到喇，咁我哋重有
　　（或：掙）四點幾鐘就可以到香港囉。

A：你嘅錶而家幾點呀？

B：掙（一）個骨四點，啱唔啱呀？

A：我嘅錶而家係朝頭早十點鐘，你嘅錶係唔係唔行
　　呀？

B：唔係啦！我嘅錶而家重行緊。

A：咁，或者係我嘅錶唔行喇，但係尋晚食完飯之後我
　　問過喺船上（邊）做事嘅人，佢話我嘅鐘啱。

B：今日係唔係十二月七號呀？

A：唔係，今日係十二月八號。

B：我記得我未上船之前，有人講我知，坐十四日船就

可以到香港喇。我係上個月廿四號落船嘅，到咗今
日啱啱十四日。十一月廿四，廿五，廿六………十二
月一號，二號………點解今日唔係七號呢？

A：我知道點解喇！喺一號嗰日你唔記得咗，過咗一號
就係三號。

B：係喇！係喇！我嗰晚同你一齊食飯飲咗好多酒，飲
完之後我即刻去瞓覺。第二日，我瞓咗一日，唔記
得喺嗰處少咗一日。

A：你幾時出世㗎？

B：我？我一九一四年十二月出世嘅。

A：十二月邊日呀？

B：十二月二號….啊！呢個月二號就係我嘅生日，咁，
我今年唔係冇咗生日？

<h3 align="center">練　習</h3>

唔好做呢件事	呢件事唔好做	呢件事唔做得
唔好食嗰啲嘢	嗰啲嘢唔好食	嗰啲嘢唔食得
唔好睇呢本書	呢本書唔好睇	呢本書唔睇得
唔好聽呢首歌	呢首歌唔好聽	呢首歌唔聽得
唔好駛呢架車	呢架車唔好駛	呢架車唔駛得
唔好飲嗰啲酒	嗰啲酒唔好飲	嗰啲酒唔飲得
唔好坐呢張椅	呢張椅唔好坐	呢張椅唔坐得
唔好行嗰條街	嗰條街唔好行	嗰條街唔行得

尋日嘅尋日係前日　　尋日嘅前日係大前日

聽日嘅聽日係後日　　聽日嘅後日係大後日

今年係一九五五年，前年係一九五三年，大前年係一九五二年。

今年係一九五五年，後年係一九五七年，大後年係一九五八年。

呢個禮拜係呢個月第一個禮拜，上個禮拜係上個月第四個禮拜。

呢個禮拜係呢個月第四個禮拜，下個禮拜係下個月第一個禮拜。

呢個月係八月，上個月係七月，下個月係九月。

呢個月係二月，上個月係一月，下個月係三月。

呢個月係十二月，上個月係十一月，下個月係出年一月。呢個月係一月，上個月係舊年十二月，下個月係今年二月。

第十九課

生　字

花　　　　　　　1. 你有冇花賣呀？
　　　　　　　　　有，你中意呢啲花嗎？

門（道）　　　　2. 呢啲花貴唔貴呀？
　　　　　　　　3. 嗰道門喺邊處呀？
　　　　　　　　　嗰道門喺間房後邊。
　　　　　　　　4. 你喺邊道門入嚟㗎？

窗門（或窗）　　5. 呢間房有幾個窗門呀？
　（個或道）　　　有六個窗門。
　　　　　　　　6. 呢個窗開得嗎？

電油（隻）　　　7. 你架車有冇電油呀？
　　　　　　　　　我架車嘅電油使晒喇。
　　　　　　　　8. 呢處電油貴嗎？

山頂　　　　　　9. 你有冇上過呢個山頂呀？
　　　　　　　　　我冇上過呢個山頂，佢上過。
　　　　　　　　10. 呢個山頂上邊有屋嗎？

燈（盞）　　　　11. 點解呢間房冇燈呀？
　　　　　　　　　呢間房本來有兩盞燈，但係⋯⋯
　　　　　　　　12. 嗰間房呢？嗰間房都冇燈吖？

賊　　　　　　　13. 你哋呢處有冇賊㗎？

　　　　　　　而家一個都冇喇。

14.　嗰個賊冇攞乜嘢攞咗兩本書去啫。

銀行　　15.　你去銀行做乜嘢呀？

　　　　　　　我去銀行攞錢。

16.　你去邊間銀行呀？我去美國銀行。

呔（條）　17.　你同我去買條呔得嗎？

　領帶　　　　你條呔真係靚喇。

借　　　18.　我借二十文得嗎？（你）借二十文畀

　借⋯⋯畀　　我得嗎？　　　我冇二十文借畀你。

聞　　　19.　我聞吓呢啲花得嗎？

20.　你唔中意聞吖？

21.　你有冇聞過呢啲花呀？

整　　　22.　你識整錶嗎？　　　我唔識整。

23.　你嘅錶有冇整過呀？

24.　今晚整乜嘢餸呀？

閂

合

解

打，打開　25.　佢有冇打過你呀？

　打字　　　　有，佢有打過我。

26.　邊個打你呀？

鎖（把）　27.　你鎖咗架車未呀？　　　我鎖咗喇。

28.　你使唔使用鎖匙鎖呀？

　　　　　　　唔使，我架車唔使用鎖匙鎖嘅。

預備　　29.　黃先生，你叫我哋預備第幾課呀？

　　　　　預備第四課第五課兩課。

30. 第六課使唔使預備呀？

捉　　31. 佢哋喺嗰處捉乜嘢呀？

　　　　　佢哋喺嗰處捉賊。

32. 嗰個人喺嗰處捉乜嘢呀？

　　　　　個人喺嗰處捉魚。

爛　　33. 嗰張枱爛咗嘑？　　爛咗好耐囉。

34. 呢張椅爛咗，唔該你坐嗰張啦。

懶　　35. 佢係唔係好懶㗎？　　係，佢係好懶嘅，乜（嘢）都唔做。

36. 你唔好咁懶得嗎？

香　　37. 呢處有冇香嘅花呀？

　　　　　呢處有好多香嘅花。

38. 邊啲花香呀？

黑　　39. 外邊係唔係好黑呀？

　　　　　係，外邊好黑。

40. 你中（意）唔中意呢枝黑㗎？

落雨　41. 今日有冇雨落呀？　今日冇雨落。

42. 尋日係唔係落好大雨呀？

班　　43. 呢班人嚟呢處做乜嘢呀？

44. 你哋學校有幾多班學生呀？

　　　　　我哋學校有十班。

故　　事

　　舊時有一個細蚊仔佢好懶，　佢唔中意讀書亦唔中意做事⋯⋯

　　佢喺學校返嚟屋企之後佢媽媽一叫佢讀書，佢就話：「我睇唔見，我唔讀得書。」佢媽媽話：「點解你睇唔見呀？」佢話：「呢間房太黑。」佢媽媽話：「點解你唔開着盞燈呢？」佢話：「唔⋯⋯！」

　　佢媽媽問佢：「你爸爸叫你寫嗰封信你寫起未呀？」佢話：「未寫起，我枝筆爛咗。」佢媽媽話：「重未整返（好）咩？咁你嗰枝美國筆呢？」佢話：「細妹借咗重未畀返我。」

　　佢爸爸教完書喺學校返嚟，睇見佢喺外邊玩，佢問佢：「我叫你送嗰本書畀陳先生，你送咗去未呀？」佢話：「陳先生住嗰處係唔係嗰個山頂呀？嗰個山頂咁高，我唔行得上去。」

　　佢爸爸又問佢：「先生叫你寫嗰啲字，你寫晒未呀？」佢話：「啊！我想起喇！媽媽叫我食嗰啲嘢，我重未食，我而家去食喇。」

　　有一晚，外邊落好大雨，樓上有幾個窗門未閂好，佢媽媽叫佢起身閂埋嗰啲窗門，佢話：「媽媽！我唔閂得嗰啲窗門喇，我已經瞓着喇。」

例　　句

I

一見（睇，聞，聽）

1.　你睇見嗰架汽車嗎？

2.　嗰度有人講說話你聽見嗎？

3.　嗰啲花好香你聞見嗎？

一到（嚟—，去—，行—，上—，落—，送—，做—，駛—，讀—，教—，寫—）

1.　佢返到屋企未呀？　　佢未返到嚹。

2.　你行到嗰處就會睇見嗰間舖頭喇。

3.　佢話嗰封信已經送到喇。

4.　呢啲字寫到聽日就可以寫完喇。

5.　尋日係唔係教到第十八課呀？

一到（搵—，捉—，睇—，聽—，聞—，見—，買—，打—，攞—）

1.　你搵到你嘅錶未呀？

2.　佢捉到嗰個賊嗎？

3.　你買到嗰本書嗎？

4.　你攞到錢嗎？

一起（做—，寫—，想—）

1.　我件衫做起未呀？

2.　嗰封信寫起未呀？

3.　你想起佢係邊個嗎？　　我想起喇。

－好（整－，着－，打－，鎖－）
1.　你個錶整好（或：整返好）嘑？
2.　我哋而家就去喇，你着好衫未呀？
3.　你打好封信未呀？

－返（昇－，整－攞－，着－，送－，寄－，好－）
1.　佢掅你嗰啲錢昇返你未呀？
2.　我架車整返喇。
3.　你攞返啲錢未呀？
4.　我着返件衫，就嚟。
5.　我想寄返本書佢。
6.　佢好返未呀？　　　好返喇，有心！

－着（瞓－，開－）
1.　佢瞓着未呀？
2.　唔該你開着盞燈，得嗎？

－開（解－，打－，開－）
1.　我一解開條呔之後，我就瞓着咗囉。
2.　呢間房太熱，打開度門好嗎？
3.　唔該你開開度門。

－埋（閂－，鎖－，合－）
1.　唔該你閂埋呢度窗門。
2.　你出嚟個陣時，有冇鎖埋門呀？
3.　請你哋合埋本書。

II

— 見

1.　你睇唔睇得見車裏邊嗰個人係邊個呀？
2.　我唔聽得見（或：聽唔見）佢講乜嘢。
3.　嗰啲花咁香你唔聞得見吖！

— 到

1.　今晚我哋去唔去得到香港呀？
2.　佢話：呢件事佢唔做得到。
3.　佢今晚嚟得到呢處嗎？
4.　下個禮拜讀唔讀得到第二十課呀？
5.　呢二十文唔使得到下個禮拜一就冇喇。

— 到

1.　我唔搵得到你嗰個朋友。
2.　你睇得到嗰個山頂處有幾多間屋嗎？
3.　銀行已經閂咗門啦，我哋唔攞得到銀喇。

— 起

1.　（你）呢封信幾時寫得起呀，陳先生？
2.　你想唔想得起佢係邊個呀？
3.　呢件衫今晚唔做得起囉。

— 好

1.　呢個錶唔整得好因爲………
2.　佢條呔唔打得好要我同佢打。
3.　嗰道門鎖唔鎖得好呀？

一返

1. 我整爛（或：整爛咗）佢嘅錶我唔畀得返佢囉。
2. 你攞唔攞得返嗰啲錢呀？
3. 唔該你睇下，呢個錶整唔整得返呀？

一着

1. 唔知點解我唔瞓得着。
2. 呢盞燈唔開得着嘅。

一開

1. 佢話佢唔解得開條呔。
2. 點解道門唔打得開呀？
3. 呢道門唔開得開。

一埋

1. 呢道窗門唔閂得埋嘅。
2. 點解嗰道門唔鎖得埋呀？
3. 我個錶唔合得埋，點解呀？

III

1. 你唔好食嘑。
2. 你一定要去嘑。
3. 你唔好飲咁多酒嘑。
4. 你要快啲返嚟嘑。
5. 你要讀識（書）至好去嘑。
6. 你唔好自己去嘑。
7. 唔係嘑！我哋係五個人嘑。
8. 我想唔好嘑，因爲⋯⋯

9. 呢件都幾好嗜。
10. 佢嘅廣州話都幾好嗜。

練　習

1. 你聽見佢講乜嘢嗎？
2. 你喺嗰處睇唔睇得見我呀？
3. 你喺下邊睇得見上邊嗎？
4. 你睇得到佢喺嗰處做緊乜嘢嗎？
5. 嗰處咁黑，你睇得見嗎？
6. 你喺外邊聽得見裏邊嗰啲人講說話嗎？
7. 你睇得到嗰處有幾多個人嗎？
8. 呢架飛機今晚去得到上海嗎？
9. 呢件事咁難你做唔做得到呀？
10. 佢上到山頂未呀？
11. 喺邊處買得到中國筆呀？
12. 佢咁唔得閒，你見得到佢嗎？
13. 我哋呢個禮拜讀得完呢課書嗎？
14. 今日搬得完呢啲嘢去佢屋企嗎？
15. 我啱啱閂咗盞燈佢又開着（咗）佢。
16. 喺美國買唔買得到中國書呀？
17. 我哋行一點鐘行唔行得到嗰處呀？
18. 你今日可以做得起呢件衫嗎？
19. 尋晚你瞓得着嗎？
20. 你兩點鐘去唔去得到嗰處呀？

21.　呢道門閂唔閂得埋呀？

22.　你有冇鎖（埋）門呀？　　　　鎖埋喇。

23.　呢盞燈開唔開得着呀？

24.　我想開開呢道門，你有冇鎖匙呀？

25.　呢道門開唔開得（開）呀？
　　　我冇鎖匙，唔開得開。

26.　你寫起嗰封信未呀？

27.　嗰封信要幾時至寫得好呀？

28.　我架汽車幾時至整得好呀？

29.　你呢架汽車有幾多電油，行唔行得到嗰處呀？

30.　你揘得晒咁多嘢嗎？

你睇乜嘢呀？　　　　　　你做嗰件事吖？

你睇見乜嘢呀？　　　　　你做起嗰件事嗱？

你有冇睇嗰本書呀？　　　你有冇做嗰件事呀？

你有冇睇見嗰本書呀？　　你有冇做起嗰件事呀？

你聽乜嘢呀？　　　　　　你整嗰架車吖？

你聽見乜嘢呀？　　　　　你整好嗰架車嗱？

你有冇聽呀？　　　　　　你有冇整嗰架車呀？

你有冇聽見呀？　　　　　你有冇整（返）好嗰架車呀？

你返屋企未呀？　　　　　你畀錢佢吖？

你返到屋企未呀？　　　　你畀返啲錢佢吖？

你有冇返屋企呀？　　　　你有冇畀錢佢呀？

你有冇返到屋企呀？　　　你有冇畀返啲錢佢呀？

搵你嗰本書吖？　　　　　你（去）攞嗰本書吖？
你搵到嗰本書嘩？　　　　你去攞返本書吖？
你有冇搵嗰本書呀？　　　你有冇去攞嗰本書呀？
你有冇搵到嗰本書呀？　　你有冇去攞返嗰本書呀？

你攞錢吖？　　　　　　　你寄嗰兩本書畀佢吖？
你攞到錢嘩？　　　　　　你寄返嗰兩本書畀佢嘩？
你有冇攞錢呀？　　　　　你有冇寄嗰兩本書畀佢呀？
你有冇攞到錢呀？　　　　你有冇寄返嗰兩本書畀佢呀？

你買錶嗎？
你買到錶嗎？
你有冇買錶呀？
你有冇買到錶呀？

第二十課

生　字

老　　1. 佢而家幾老喇？佢而家好老喇。佢
而家唔係幾老啫。

2. 嗰位老先生係邊個呀？

矮　　3. 我要一張矮嘅椅。

4. 嗰張矮嘅椅爛咗唔坐得喇。

5. 你中唔中意嗰張矮嘅椅呀？

6. 呢張椅係唔係太矮呀？

肥　　7. 點解佢而家咁肥呀？

8. 你中意食肥嘅嘢嗎？

9. 我唔中意食，因爲我唔中意太肥。

瘦　　10. 佢係唔係重係咁瘦呀？係，佢而家
重係咁瘦。

11. 點解佢時時都係咁瘦呀？

長　　12. 嗰條街幾長呀？　嗰條街唔係幾長
啫。

13. 呢枝筆太長唔係幾好使。

濶　　14. 嗰條街真係濶喇。

15. 係唔係條條街都係咁濶㗎？係，條
條街都係咁濶。

短　　　　　16.　呢枝筆太短唔寫得。

　　　　　　17.　呢枝唔短，你使呢枝喇。

　　　　　　18.　點解呢件衫咁短㗎？

熱　　　　　19.　你覺得今日熱嗎？　今日唔係幾熱
　　　　　　　　　啫。今日真係熱囉。

冷　　　　　20.　尋晚呢處好冷係唔係呀？

涼（爽）　　21.　今日真係涼爽喇。

緊要　　　　22.　呢件事係唔係好緊要㗎？係，呢件
　　　　　　　　　事好緊要，唔該你即刻做咗佢。

　　　　　　23.　佢係唔係瘦得好緊要呀？係，佢瘦
　　　　　　　　　得好緊要。

非常　　　　24.　佢（呢）個人非常好。

　　　　　　25.　佢嗰間屋非常靚。

　　　　　　26.　坐飛機非常自在，一啲都唔覺得
　　　　　　　　　瘦。

到極　　　　27.　佢嬲到極。

　　　　　　28.　我瘦到極。

　　　　　　29.　嗰間舖頭嘅嘢平到極。

過頭　　　　30.　嗰張椅高過頭，我唔中意。

　　　　　　31.　呢件衫長過頭，我唔着得。

　　　　　　32.　嗰架車大過頭，我唔中意。

得滯　　　　33.　嗰架飛機細得滯，唔坐得咁多人。
利害

交關　　　　34.　點解佢嬲得咁交關呀？

　　　　　　35.　唔知點解佢瘦得咁交關呢！

36. 佢架車真係爛得交關囉。

特別　37. 呢處咁多架車，邊架特別好呀？呢
　　　　架特別好，我特別中意呢架。

38. 佢呢個人好特別嘅。

有時　39. 你係唔係時時食唐餐呀？唔係，我
　　　　有時食唐餐，有時食西餐。

40. 咽盞燈有時開得着，有時開唔着。

41. 我枝筆有時好好寫，有時好難寫。

怕　　42. 你怕唔怕黑呀？　我唔怕黑，佢怕
　　　　黑。

43. 如果你唔怕，你同我去好嗎？

似　　44. 佢似唔似我呀？佢真係似你囉。

45. 佢似教書嘅。

希望(望)　46. 你希望去中國抑或去法國？我希望
　　　　去中國。

47. 重有冇希望呀？一啲希望都冇喇。

中文　48. 你識唔識中文呀？我唔識，我識中
　　　　國話啫。

49. 佢嘅中文好好。

肉(噏)　50. 你中意食肉嗎？　我唔中意食肥嘅
　　　　肉，我中意食瘦嘅肉。

51. 你唔中意食肉你中意食乜嘢呀？

分別　52. 呢架車同咽架車有乜嘢分別呀？有
　　　　好大嘅分別，呢架車貴好多。

53. 呢架車同咽架車一啲分別都冇。

比(或：比較)　54.　你哋兩個邊個高呀？我比佢高。

　　　　　　　55.　你比佢高幾多呀？我比佢高好多。

比較　　　　　56.　我同佢比較，你中意邊個呀？我比
　　　　　　　　　 較中意你。

　　　　　　　57.　呢架車同嗰架車比較，你話邊架好
　　　　　　　　　 呀？

過　　　　　　58.　你係唔係高過佢呀？　係，我高過
　　　　　　　　　 佢。

　　　　　　　59.　你高過佢幾多呀？我高過佢好多。

敢　　　　　　60.　你敢唔敢去呀？我唔敢去。

　　　　　　　61.　你敢唔敢坐飛機呀？

佬　　　　　　62.　嗰個肥佬係邊個呀？

　　　　　　　63.　嗰個報紙佬叫(做)也嘢名，你知唔
　　　　　　　　　 知呀？

　　　　　　　64.　嗰個係法國佬抑或係德國佬呀？

仔　　　　　　65.　你要嗰張枱仔抑或嗰張椅仔呀？我
　　　　　　　　　 要嗰張椅仔。

　　　　　　　66.　嗰處有幾多張椅仔呀？

一樣　　　　　67.　呢兩架車係唔係一樣㗎？唔係一樣
　　　　　　　　　 嘅，嗰架係美國嘅，呢架係英國
　　　　　　　　　 嘅。

　　　　　　　68.　呢兩本書係唔係一樣㗎？

容易(易)　　　69.　係唔係好容易呀？好容易。

　　　　　　　70.　呢件事唔係幾易做㗎，你話係唔係
　　　　　　　　　 呀？

易　　　　　71.　呢喎字你好易睇錯嘅。

最　　　　　72.　你哋三個邊個最高呀？我最高。

　　　　　　73.　你最緊要鎖埋道門至嚟。

咁上下　　　74.　係唔係兩文咁上下呀？係，係咁上
　　　　　　　　　下喇。

　　　　　　75.　係唔係上個禮拜一咁上下呀？係咁
　　　　　　　　　上下喇。

　　　　　　76.　係唔係咁上下呀？係咁上下喇。

　　　　　　77.　係唔係咁上下用㗎？　係咁上下用
　　　　　　　　　嘅。

啲咁㩼　　　78.　我要啲咁㩼啫。

　　　　　　79.　啲咁㩼啫，冇緊要。

　　　　　　80.　我啲咁㩼都唔怕。

同　　　　　81.　我同佢同一間學校讀書。

　　　　　　82.　我同佢同一間舖頭買嘢。

　　　　　　83.　我哋同(一隻)船嚟嘅。

故　　事

　　我有四個朋友，一個姓張，一個姓李，一個姓黃，一個姓周。嗰個姓周嘅最大，所以我哋叫佢做老周。姓黃嗰個係教書嘅，所以我哋叫佢做黃先生，嗰個姓張嘅最細，所以我哋叫佢做張仔。因爲嗰個姓李嘅好矮，所以我哋叫佢做矮仔李。

　　張仔同黃先生一樣咁高，一樣咁肥，矮仔李最矮，

矮過佢哋咁多個（人）。 佢亦都最肥，肥過佢哋咁多個
（人）。老周最瘦，但係佢最大又最高， 所以我哋有時叫
佢做老周，有時又叫佢做高佬周。 高佬周又高又瘦，張
仔同黃先生冇高佬周咁高，亦冇佢咁瘦， 但係佢哋有矮
仔李咁矮，亦都冇矮仔李咁肥。矮仔李真係肥， 肥得緊
要。佢細蚊仔嗰陣時已經好肥囉， 但係佢而家重肥過舊
時好多。

　　張仔同黃先生怕自己肥得滯， 食嘢嗰陣時都好小
心，肥嘅嘢，一啲都唔敢食。

　　矮仔李佢好怕下個月肥過呢個月， 出年肥過今年，
時時都希望自己一日瘦過一日， 但係佢最中意食肉⋯⋯
最中意食肥肥嘅肉，你哋知道佢而家（有）幾肥嗎？

例　　句

I

1.　呢張枱好長。
2.　呢張枱特別長。
3.　呢張枱真係長囉。
4.　呢張枱非常長。
5.　呢張枱長得緊要。
6.　呢張枱長到極。
7.　呢張枱太長我唔中意。
8.　呢張枱長（或：短）過頭。
9.　呢張枱長（或：濶）得滯。
10.　呢張枱有幾長（或：唔係幾長）

11.　咽枝筆貴得滯，我冇咁多錢買。

12.　咽間舖頭嘅嘢貴得緊要，第二次唔好去咽處買囉。

13.　咽間餐館嘅唐餐特別好，我時時都喺咽處食飯。

14.　咽本書好睇得滯，我睇完一次又一次，呢次係第三次囉。

15.　呢雙筷子長過頭，唔係幾好使。

16.　唔知點解我今日瘤瘤。

17.　我中意長長咽張。

18.　咽個錶係大大嘅嘑，你要嗎？

19.　佢間屋靚嗎？佢間屋靚靚。

20.　咽個呢？咽個靚靚咽個呢？

Ⅱ

A.　1.　呢本書有咽本書咁好睇嗎？

　　2.　佢有你咁唔得閒嗎？

　　3.　呢首歌有冇咽首歌咁好聽呀？

　　4.　咽枝筆有冇呢枝咁靚呀？

　　5.　呢課書同咽課書一樣，都係咁難。

　　6.　張先生同黃先生一樣咁高。

　　7.　佢嘅仔有我嘅仔嘅大。

　　8.　佢嘅錶同我嘅錶一樣，都係喺美國買嘅。

　　9.　我嘅意思同你嘅意思一樣，學中文應份先學講話至學寫字。

10. 我間屋同佢間屋一樣，都係舊年買嘅。
11. 呢本書同嗰本書有乜（嘢）分別呀？冇乜嘢分別。
12. 嗰處有冇呢處咁多人呀？一樣咁多。
13. 佢有佢咁高，咁大，亦都有佢咁靚。
14. 佢同佢一樣咁懶一樣咁唔中意讀書。
15. 呢間學校同嗰間學校一樣咁大，一樣咁好，一樣咁多學生。

B. 1. 張先生冇黃先生咁高。
2. 坐船冇坐飛機咁貴。
3. 李先生冇黃先生咁肥。
4. 呢本書冇嗰本書咁好睇。
5. 呢個錶同嗰個錶唔同，唔知你中意邊個呢？
6. 佢同我有啲唔同，我嘅錢喺我處，佢嘅錢喺佢太太處。
7. 你哋兩個講嘅（話）都係英文咩？點解你講嘅同佢（講）嘅唔同呀？
8. 我嘅生日同你嘅生日，同年，同一（個）月，但係唔同一日。
9. 我嘅錶同你嘅錶一樣咁貴，但係我嘅冇你嘅咁好。
10. 坐火車同坐船一樣咁平，但係坐船冇坐火車咁快。
11. 呢啲花同嗰啲花有乜（嘢）唔同呀？呢啲香，嗰啲唔香。

12.　使筷子食唐餐同使刀义食唐餐有乜分別（或：唔同）呀？啊！有好大分別，使刀义冇使筷子咁方便。

13.　呢間酒館同嗰間有乜唔同呀？呢間貴，（嗰）啲菜又冇嗰間咁好。

14.　法國話係唔係有德國話咁難學呀？係，如果你學法國話，半年就識喇。

15.　嗰處有冇呢處咁冷呀？有時有呢處咁冷，有時冇呢處咁冷。

Ⅲ

A.　1.　今日好熱，尋日熱過今日，前日最熱。
　　2.　嗰本書好貴，呢本書比嗰本書重貴，嗰一本最貴。
　　3.　呢枝筆平過嗰枝但係比嗰枝好寫。
　　4.　係唔係呢間房大過嗰間呀？
　　5.　係唔係呢間比嗰間大呀？
　　6.　佢頭先唱嗰幾首歌，你覺得邊首最好聽呀？
　　7.　我中意坐船，我覺得坐船最自在。
　　8.　邊個架車最靚呀？我唔知邊個架車最靚，但係我知你架車靚過我架。
　　9.　佢係唔係大過你呀？係，佢大過我。
　　10.　呢兩個禮拜都咁熱，幾時先至會涼啲呀？
　　11.　今日嘅天氣比尋日好，但係比尋日熱啲。

12.　今日熱過尋日，但係冇前日咁熱，前日真係熱
　　囉。

13.　黃先生高，李先生重高啲，張先生最高。

14.　你覺得而家係唔係涼啲喇。

15.　你話今日涼過尋日吖！我話唔係；我話今日熱
　　過尋日。

B.　1.　你兩個邊個大呀？佢大過我，佢大(過)你幾多
　　　歲呀？佢大過我三歲。

　　2.　佢係唔係高過你好多呀？唔係，佢高過我(一)
　　　啲啫。

　　3.　呢本書係唔係貴好多呀？唔係，呢本貴過嗰本
　　　(一)啲啫。

　　4.　黃先生已經好高喇，但係李先生重高過黃先生
　　　(一)啲。

　　5.　你覺得而家係唔係涼過尋日(一)啲呀？

　　6.　你哋兩個嘅廣州話邊個好呀？佢嘅好。好過你
　　　好多吖？好過我好多。

　　7.　呢課書多過嗰課幾多字呀？　多過嗰課二百幾
　　　字。

　　8.　呢本書貴過嗰本呀？係，貴幾多呀？貴三文。

　　9.　呢張枱平兩文喇，平兩文我就買喇。

　10.　點解呢本書貴過嗰本書咁多㗎。

C.   1.   呢本書比嗰本難讀啲。
      2.   呢本書比嗰本易讀啲。
      3.   呢件衫比嗰件衫好睇啲。
      4.   咁樣會好睇啲，咁樣會好食啲。
      5.   呢首歌咁唱好(或：易)唱啲。
      6.   呢個字咁寫好(或：易)寫啲。
      7.   呢件事咁做好(或：易)做啲。
      8.   呢張椅咁坐好(或：易)坐啲。
      9.   呢本書咁讀好(或：易)讀的。
   10.   呢條魚咁煮好食啲。

練　習

1.   肥佬同瘦佬有乜野分別呀？肥佬怕熱，瘦佬冇
(肥佬)咁怕熱。

2.   今日熱得滯，唔使讀書喇，聽日朝頭早先至讀
喇。

3.   佢應份食瘦肉，唔應份食肥肉，但係佢話瘦肉
冇肥肉咁好食，所以日日食肥肉。

4.   我想肥但係我日日食肥肥嘅肉(我)都唔肥。

5.   呢件衫長得滯，我唔着得，如果你中意你攞去
着喇。

6.   如果嗰件衫唔係長得滯，我已經買咗(佢)囉。

7.   好唔好揑嗰件衫嚟比較吓呀？如果嗰件短過呢
件，我就買呢件。

8. 而家已經黑喇，落雨落得咁交關，你哋唔好走喇，喺呢處住一晚喇。

9. 我希望呢件衫冇嗰件衫咁長，噉會好睇啲，你話係唔係呀？

10. 我哋嗰處有時熱熱，有時涼涼，如果你怕熱，最好先寫封信去問吓。

11. 佢架車同我架車一樣咁舊，用好多電油，有時行一陣間啫，就用咗好多（電油）喇。

12. 佢架車比我架車新啲，或者可以上得嗰個山頂。

13. 我住嗰間屋舊得滯，（嗰）啲窗門好細，所以間間房都好黑。

14. 矮嘅屋冇高嘅屋咁好睇，但係高嘅屋冇矮嘅屋咁好住。

15. 短嘅衫冇長嘅衫咁好睇，但係長嘅衫冇短嘅衫咁好着。

第二十一課

生　字

遠　　1.　遠唔遠呀？　　唔遠。

　　　2.　呢條路係唔係好遠呀？

　　　　　　　　　　唔係幾遠啫。

　　　3.　邊條路遠呀？

近　　4.　呢條路係唔係近過嗰條呀？

　　　　　　　　　　係，呢條近好多。

　　　5.　係唔係好近呀？唔係，唔係好近。

重　　6.　嗰條魚幾重呀？

　　　7.　佢係唔係重過你呀？

輕　　8.　佢係唔係輕咗好多呀？

　　　　　係，佢舊年輕咗，而家又重返喇。

　　　9.　你輕啲抑或佢輕啲呀？

旁邊　10.　我坐喺你身邊得嗎？

　　　　　　　　　　得，得，請坐！請坐。

　　　11.　嗰張枱旁邊有冇椅呀？

　　　　　　　　　嗰張枱旁邊有三張椅。

　　　12.　你旁邊有冇人呀？

　　　13.　嗰本書（嘅）旁邊有兩枝筆，你睇
　　　　　見嗎？

中間	14. 你識唔識中間嗰個字呀？ 　　　　我唔識中間嗰個字。
	15. 企喺中間嗰個人係邊個呀？
對面	16˙ 係唔係喺嗰間舖頭對面呀？ 　　　　係，係喺嗰間舖頭對面。
	17. 對面嗰間喺乜嘢舖頭呀？
三藩市 （或：舊金山）	18. 你有冇去過三藩市呀？我冇去過三藩市。
	19. 三藩市好玩嗎？
紐約	20. 紐約係唔係好好玩呀？係，紐約好好玩。
	21. 紐約有冇三藩市咁好玩呀？紐約好玩過三藩市好多。
檀香山	22. 檀香山(地方)大嗎？唔係幾大啫。
	23. 有冇紐希雲咁大呀？大過紐希雲好多。
英國	24. 嗰隻船係唔係去英國㗎？嗰隻船唔係去英國嘅。
	25. 你有冇去過英國呀？
墨西哥	26. 墨西哥有冇檀香山咁好玩呀？墨西哥冇檀香山咁好玩。
	27. 你有冇去過墨西哥呀？
加拿大	28. 加拿大係唔係有好多法國人呀？唔係，佢哋係加拿大人，但係佢哋講法國話。

	29.　加拿大有冇中國人呀？
九龍	30.　九龍係唔係一笪地方嘅名呀？
	31.　係，係一笪地方嘅名。
台灣	32.　台灣係唔係喺大西洋呀？
	33.　唔係，台灣喺太平洋。
哥（哥哥，阿	34.　你有幾多個哥呀？我有兩個哥。
哥，大佬）	35.　嗰個係唔係你阿哥呀？
家姊（姊，姊姊）	36.　你嘅家姊有細蚊仔嗎？
姊妹	37.　你有幾多姊妹呀？
兄弟	38.　你有幾（多個）兄弟呀？我有三兄弟。
風	39.　尋日呢處好大風係唔係呀？係，尋日呢處好大風。
繩（繩仔）	40.　呢條繩夠長嗎？呢條繩唔夠長。
	41.　你要幾長嘅繩呀？
手（隻）	42.　一個人有幾多隻手呀？一個人有兩隻手。
	43.　係唔係兩隻手一樣長呀？
海	44.　海上邊有乜嘢呀？海上面有幾隻船。
	45.　有人話船喺海裏邊啱嗎？唔啱。
河（條）	46.　嗰條河叫做乜嘢名呀？嗰條河叫做黃河。
	47.　黃河係唔係好長呀？
島（個）	48.　嗰個島上面有冇人呀？嗰個島上面

　　有好多人。

49.　嗰個島有幾大呀？

寸　50.　呢枝筆幾寸長呀？呢枝筆四寸長。

51.　嗰張枱幾寸長呀？

尺　52.　一尺有幾多寸呀？中國尺同英國尺
　　唔同。

53.　有乜嘢唔同呀？

54.　中國尺十寸一尺，英國尺十二寸一
　　尺。

55.　你有冇英（國）尺呀？

丈　56.　一丈有幾多尺呀？一丈十尺。

57.　一丈係幾多英尺呀？一丈有十一英
　　尺零九寸。

秤　58.　呢條魚幾長呀？

59.　呢條魚兩磅重吖？呢條魚冇兩磅咁
　　重，一磅重啫。

60.　唔該你秤吓嗰條幾重。

斤　61.　兩斤夠唔夠呀？兩斤太少，我哋要
　　八斤。

62.　唔該你昇五斤我好嗎？

兩　63.　一斤有幾多兩呀？一斤有十六兩。

64.　呢條魚有冇一斤重呀？

里（路）　65.　喺呢處去火車站有幾多里（路）呀？
　　五六里咁上下。

66.　係英（國）里抑或係中國里呀？

邊　　67. 你喺邊處嚟㗎？我喺嗰處嚟嘅。

　　　68. 頭先企喺嗰張枱嗰邊 嗰 個 係 邊個
　　　　　呀？頭先企喺嗰張枱嗰邊嗰個係我
　　　　　嘅朋友。

東　　69. 我中意喺東邊嘅房。

　　　70. 點解你中意喺東邊嘅房呢？因爲東
　　　　　邊嘅房冇咁熱。

西　　71. 你係唔係西人呀？

　　　72. 係，我係西人，點解你哋叫我哋西
　　　　　人呢？

　　　73. 呀？因爲你哋係喺西邊嚟嘅所以我
　　　　　哋叫你哋做西人。

南　　74. 上海喺香港嘅南邊係唔係呀？
　　　　　唔係，香港喺上海嘅南邊。

　　　75. 加拿大喺美國嘅南邊係唔係？

北　　76. 佢係南邊人抑或北邊人呀？佢係北
　　　　　邊人。

　　　77. 中國北邊係唔係有好多山呀？

左　　78. 係唔係左(手)邊嗰間呀？係，係左
　　　　　(手)邊第一間。

　　　79. 你左(手)邊有冇椅呀？

右　　80. 佢喺右(手)邊嗰間房吖？係，佢喺
　　　　　右(手)邊嗰間房讀緊書。

　　　81. 頭先企喺你右（手）邊嗰個係邊個
　　　　　呀？

遇到   82. 頭先我喺街處遇到一個朋友。

       83. 你遇到邊個呀？我遇到舊時教過我
            廣東話嘅黃先生。

停   84. 你架車停喺邊處呀？我架車停喺嗰
            間舖頭後邊。

       85. 點解嗰架火車停咗呀？

信   86. 你信唔信我高過佢呀？我唔信你高
            過佢。

       87. 你真係唔信吁？

轉   88. 轉右手邊啱唔啱呀？　唔係轉右手
            邊，係轉左手邊。

       89. 你唔好轉入(去)嗰條街嘛。

經過   90. 你有冇經過佢住嘅嗰笪地方呀？
            有，我經過佢住嘅嗰笪地方但係我
            冇搵佢。

       91. 你去意大利嗰陣時有冇經過法國
            呀？

估   92. 你估佢今日會唔會嚟呢？我估佢今
            日唔會嚟。

       93. 你估今日會唔會落雨呢？

向   94. 我向邊邊行啱呀？你向東行兩分鐘
            就係喇。

       95. 如果我想去火車站，我向邊邊行啱
            呀？

離   96. 火車站離呢處有幾遠呀？冇幾遠

啫，一里（路）咁上下。

97.　呢處離紐約幾遠呀？

就算⋯都　　98.　就算幾平我都唔買。

99.　就算佢唔畀我去我都要去。

100.　就算佢坐船嚟都應份到喇。

離開　　101.　你幾時離開美國㗎。

常　用　句

也嘢話？　　　　　　　咁要睇⋯

對　話

Ａ：你點樣嚟美國㗎？

Ｂ：我坐船嚟嘅。

Ａ：你坐幾多日船呀？

Ｂ：我坐咗六個月船。

Ａ：也嘢話。

Ｂ：你唔信吖？

Ａ：中國離美國有幾遠呀？

Ｂ：如果你話三藩市離中國幾遠，咁我可以話：有五千
幾里遠，如果你話紐約離中國幾遠，咁，我就話有
八千幾里路遠。

Ａ：就算（係）八千里咁遠，點解要坐六個月（嘅船）咁耐
呀？最慢最慢嘅船，一點鐘可以行十二里，一日廿
四點鐘可以行二百八十八里，十日行二千八百八十

里，三十日行八千六百幾里， 最耐最耐都係行一個
月，就可以到喇，你坐嗰隻係乜嘢船呀？ 點解要行
咁耐㗎？

B : 我坐嗰隻船係好細嘅船……

A : 就算你坐最細嘅船， 最細最細嘅船都有千幾噸重，
咁大嘅船，就算遇到風，一啲都唔使怕， 我記得：
我頭一次坐船嚟，嗰隻船二千幾噸啫，我哋喺太平洋
遇到風，我哋喺檀香山停咗幾個禮拜， 就算係咁，
我哋兩個零月就到紐約喇， 上一次我坐船嚟，我坐
嗰隻船係好大好大嘅船，有三萬幾噸重， 行十幾日
就到三藩市喇，我嗰朋友話佢坐過飛機， 坐飛機重
快好多，坐……

B : 係喇，係喇，我知喇，如果有飛機我都坐飛機……

A : 係囉，係囉，點解你唔坐飛機呢？ 坐飛機最快喇，
唔使三日就可以喺中國嚟到美國喇……係囉， 係囉，
點解你唔坐飛機呢？

B : 你知道我係幾時嚟美國嘅嗎？ 我係一八八九年嚟美
國嘅，嗰陣時有飛機坐咩……？

例　句

I

  1.　呢條街有幾長呀？有里幾長。
  2.　嗰間樓有幾高呀？有十幾丈高。
  3.　你(有)幾高呀？五尺幾高。五尺幾呀？五尺二
     (寸)。

4. 嗰張枱有幾長呀？四尺二長。

5. 呢架車有冇兩噸重呀？啱啱兩噸重。

6. 呢處有幾多磅呀？呢處一磅三個骨。

7. 一磅有幾多安士呀？一磅有十六安士。

8. 一斤有幾多兩呀？一斤有十六兩。

9. 呢條魚有幾重呀？十二兩重，嗰條魚呢？嗰條魚有兩斤幾重。

10. 你（有）幾重呀？（或：你有幾多磅呀？）我（有）一百六十五磅。

11. 一丈有幾多尺呀？一丈有十尺。

12. 一尺有幾多寸呀？英國尺同中國尺唔同，英國尺一尺有十二寸，中國尺有十寸啫。

13. 呢個窗門有冇五尺高呀？咁上下啦。

14. 嗰隻船有冇呢隻咁長呀？ 冇，呢隻船十幾丈長，嗰隻唔夠十丈長。

15. 呢條繩唔夠長，要三丈三至夠。

II

1. 呢處離嗰處有幾遠呀？有兩三里咁上下。

2. 呢處離火車站遠嗎？（或：遠唔遠呀？）好近啫，冇幾遠啫，嗰間屋後邊就係喇。

3. 呢處離嗰間英文學校有幾遠呀？冇幾遠啫，行一個字（鐘）就到喇。

4. 你屋企離佢屋企有幾遠呀？要坐十幾分鐘嘅車至到得。

5. 呢處離咽處遠得滯，我哋今日唔去得喇。

6. 呢處離咽間旅館有幾遠呀？唔係幾遠啫，你中意坐車去抑或行去呀？

7. 呢處離佢嘅屋企咁遠，我哋今日唔去囉，聽日至去好嗎？

8. 呢處離邊間酒館最近呀？離新廣州最近。咁，我哋就去新廣州好嗎？

9. 而家離香港重有幾遠呀？重有好遠，重有三十幾里。係唔係三十幾英里呀？係喇。

10. 你間屋離火車站幾遠呀？離火車站好近，晚晚都唔瞓得。

III

1. 你屋企比我屋企離學校近，近幾多呀？近好多，近幾里路咁多。

2. 你估我哋幾個(人)嘅屋企邊個嘅屋企離學校最近呢？佢嘅屋企離學校好近，你嘅亦唔係幾遠，我嘅最遠。

3. 呢處幾張枱都唔係一樣咁長，呢張三尺，最短，咽張長過呢張，咽張三尺四，咽張黑嘅最長，長過晒呢兩張。

4. 我屋企比你屋企離火車站重遠。重遠幾多呀？重遠三里幾路。

5. 你信唔信我高過佢呀？　我唔信，你高過佢幾多寸呀？　你知我高過佢幾多寸嗎？

我高過佢寸半。

6. 邊條魚重啲呀？呢條重啲，重過嗰條好多吖？
   重好多，重幾多呀？重一磅兩安士。

7. 呢架車好輕啫，唔夠一噸重，嗰架重過呢架好
   多。重幾多呀？重嚿幾。

8. 你有幾多兄弟姊妹呀？我有兩兄弟三姊妹，我
   最大，今年十八歲，佢最細，今年五歲。

9. 你姊姊(或：家姊)幾多歲呀？我大(家)姊十六
   歲，二(家)姊十五歲，我而家八歲。

10. 你哋幾個邊個大呀？我大過阿陳，阿陳大過阿
    何，阿陳今年三十歲，阿何今年二十八歲，我
    最大，阿何最細。

IV

1. 北京喺中國北邊(或：北部)，廣州喺中國南邊
   (或：南部)。

2. 香港四邊都喺海，對面係九龍，九龍喺香港北
   邊，廣州喺九龍西北邊。

3. 我間屋西邊有座山，所以晚(頭)黑冇咁熱。

4. 中國北邊冇幾多山，南邊有好多山。

5. 我間屋四邊都係山，東邊（或東便）西邊，南
   邊，北邊都係山。

6. 美國嘅東邊係大西洋，西邊係太平洋，南邊係
   墨西哥，北邊係加拿大。

7. 坐喺李太太旁邊嗰個係邊個呀？你講左手邊嗰

個抑或右手邊嗰個呀？左手邊嗰個係張太太，
右手邊嗰個係張先生。

8. 陳先生你坐喺中間啦，你最大又最肥；黃小姐
坐（喺）你右（手）邊，李小姐坐喺你左（手）邊，
你太太坐喺你對面，我同我太太坐喺你太太旁
邊，咁好嗎？

9. 太平洋中間有個島，叫做檀香山⋯⋯乜嘢叫做
「島」呀？四邊都係海嘅地方我哋叫佢做島。
咁，台灣係唔係一個島呀？係，香港係唔係一
個島呀？係。

10. 你喺呢處向東行，行到嗰條街處轉右手邊，再
行五分鐘，嗰處有間大屋，嗰間大屋嘅右手邊
就係嗰間酒館喇。

練　習

1. 我一百六十磅重，應份有幾高呀？
2. 台灣同檀香山邊個大呀？
3. 喺呢處去中國要經過邊幾笪地方呀？
4. 你估台灣離呢處有幾遠呀？檀香山呢？
5. 喺香港買嘢，而家個個都唔講幾多斤幾多兩，
個個都講幾多磅幾多安士喇。
6. 喺中國飛嚟美國嘅飛機，喺檀香山停一晚，第
二日先至飛嚟美國。
7. 佢哋尋日整起嗰隻船仔，（一）丈二長，四尺

潤，可以坐四個人，如果係肥佬就坐得一個啫。

8. 呢隻船右(手)邊太輕，唔該你叫咽個肥佬坐過嚟右(手)邊好嗎？

9. 咽間餐館賣唐餐亦賣西餐，右手邊賣唐餐，左手邊賣西餐。

10. 咽間房中間有一張枱，旁邊有幾張椅，四面一個窗門都冇，好黑好黑，我話：我唔入去喇，你入去喇。

11. 佢喺我哋對面咽間屋住，佢同佢兩個阿哥住樓下，佢兩個阿姊住樓上。

12. 咽間房唔係幾大，有丈四長，九尺潤，有三個窗門，窗門外邊就係咽條河。

13. 我想知道呢條繩有幾長，你有尺嗎？唔該你借畀我使吓得嗎？

14. 呢條繩六尺長唔夠長畨，就算一丈長重係未夠畨。

15. 我哋間屋向南，時時都有風入嚟，所以時時好涼爽。

第二十二課

生　字

眼(隻；雙)	1.	佢雙眼唔係幾好吖，唔係，佢雙眼好好。
	2.	你雙眼可以睇得(見)幾遠呀？
戲(齣)	3.	你中意睇戲嗎？我好中意睇戲。
	4.	尋日嗰齣戲好睇嗎？
布(幅；塊)	5.	呢幅布靚嗎？呢幅冇嗰幅咁靚。
	6.	嗰幅布幾錢一尺呀？
膊頭	7.	佢話佢嘅膊頭好瘤。
	8.	佢邊邊嘅膊頭瘤呀？
小說	9.	你有冇睇過呢本小說呀？我冇睇過，係唔係好好睇呀？
	10.	嗰本小說係唔係你㗎？
機器(件)	11.	你知唔知呢件機器邊處壞咗呀？我唔知，等我睇吓添。
	12.	你會唔會整機器呀？
藥(隻)	13.	邊處有呢隻藥賣呀？嗰間舖頭有。
	14.	你怕食藥吖？
顏色(隻)	15.	你中意呢隻顏色嗎？我唔中意呢隻顏色。

	16. 佢件衫嘅顏色真係靚喇。
暑假	17. 佢今年暑假打算去英國玩吓吖？唔係，佢今年暑假打算喺呢處讀書。
	18. 你今年暑假打算去邊處玩呀。
旅行	19. 你中意旅行嗎？我好中意旅行。
	20. 你下個禮拜打算去邊處旅行呀？
病(挺，次)	21. 佢係乜嘢病呀？我唔知佢呢挺病叫做乜嘢病。
	22. 佢病咗好耐喇？佢病咗好幾日喇。
唐人埠	23. 你有冇去過紐約嘅唐人埠呀？
	24. 三藩市嘅唐人大埠大嗎？紐約嘅唐人埠冇三藩市嘅唐人埠咁大。
廣東	25. 佢係唔係廣東人呀？係，佢係廣東人。
	26. 香港係唔係離廣東好遠呀？
羅省	27. 你去過羅省嗎？我舊年去過一次。
	28. 你幾時去羅省呀？
大家	29. 我哋大家一齊去好嗎？
	30. 我哋大家都識講廣東話，點解唔講廣東話呢？
身體	31. 佢近來身體好嗎？　佢近來身體好好。
	32. 你嘅身體從來都係咁好吖。
番梘(嚿)	33. 呢嚿番梘幾多錢呀？嗰啲兩毫半子一嚿，呢的兩個半銀錢一嚿。

	34.	點解呢啲番梘咁貴㗎？喂，先生，呢啲係美國番梘嘛。
放假	35.	聽日有冇假放呀？聽日冇假放。
	36.	你哋幾時放假呀？
起程	37.	佢幾時起程去中國呀？佢下個禮拜二起程。
	38.	你呢，你幾時起程呀？
開學	39.	我哋係唔係下個月三號開學呀？係，我哋係下個月開學但係唔係三號。
	40.	過咗暑假之後，你哋幾時開學呀？
出聲	41.	點解佢唔出聲呀？佢話佢唔中意出聲。
	42.	唔好出聲喇。
唔自然 　自然	43.	佢唔自然吖？係，佢唔係幾自然。
	44.	佢好唔自然咩？
清楚	45.	佢嘅廣東話講得好清楚。
	46.	我冇睇清楚嗰個人係邊個。
	47.	我唔記得清楚佢係邊個喇。
白	48.	嗰處嗰間白屋你睇見嗎？
	49.	你中意着白衫嗎？
正	50.	你嘅英文講得好正。
	51.	佢嘅廣東話講得正唔正呀？
危險	52.	呢條路係唔係好危險呀？唔係，呢條路一啲危險都冇。

	53.	呢件事咁危險，你敢做嗎？
乾淨	54.	呢笪地方真係乾淨喇。
	55.	嗰處有冇呢處咁乾淨呀？
歡喜	56.	唔知點解，佢今日唔係幾歡喜。
	57.	你知唔知點解佢今日咁唔歡喜呀？
	58.	佢歡喜睇戲，我歡喜睇小說，你歡喜(做)乜嘢呀？
唔捨得	59.	佢唔捨得(離開)佢嘅細蚊仔。
	60.	佢唔係冇錢，佢唔捨得使啫。
	61.	佢唔捨得請我食飯。
捨得	62.	佢好捨得睇戲，但係唔捨得買書。
	63.	佢個人好捨得，時時畀好多錢佢啲朋友使。
洗	64.	你洗咗我件衫未呀？洗咗兩日囉。
	65.	洗乾淨未呀？
駛	66.	你會駛飛機嗎？我會駛。
	67.	駛飛機難抑或駛汽車難呀？
擘開 　擘大	68.	你擘開雙眼睇吓。
	69.	點解我雙眼唔擘得開呀？
紮住	70.	等我攞條繩嚟紮住佢。
	71.	呢條繩太短，唔紮得住。
拍	72.	陳太太拍緊佢嘅細蚊仔瞓覺。
	73.	佢唱完歌之後，我哋個個都拍手。
搭	74.	點解你唔搭船呀？我啲細蚊仔唔中意搭船，佢哋中意搭火車。

	75.	佢後日搭船去香港。
	76.	你中意搭船抑或搭車呀？
肯	77.	你肯唔肯去呀？我冇話唔肯去。
	78.	佢肯唔肯呀？
定實	79.	你定實邊日去呀？我定實下個月一號去。
	80.	佢定實幾時嚟呀？
一共	81.	一共幾多錢呀？
啥嘣唥	82.	呢間房啥嘣唥有幾多張椅呀？
淨係	83.	淨係佢同我兩個啫。
	84.	淨係佢唔識講廣東話啫。
以爲	85.	佢以爲你係英國人，你係唔係英國人呀？
	86.	我以爲我哋唔好去喇。
	87.	你以爲我哋應份做呢件事嗎？
卒之	88.	佢卒之去咗檀香山。
	89.	我哋卒之冇去。
	90.	佢卒之買咗嗰本書。
誰知	91.	誰知佢一句英文都唔會講。
	92.	誰知佢冇嚟。
	92.	誰知佢講得好過我哋好多。
雖然	93.	雖然我唔識煮，但係我識食。
	95.	雖然我唔識佢，但係我知道佢係黃先生嘅朋友。

96. 雖然我冇去過中國，但係我好歡喜
中國。

故事──暑假旅行

　　舊年七月學校放暑假我同幾個朋友駛車去舊金山玩。喺呢處去舊金山有三千幾里路咁遠，如果坐火車去，每個人要使三四百文，個個都唔捨得使咁多錢，想嚟想去卒之定實自己駛車去。

　　我哋一共有七個人，一架車唔夠坐，要駛兩架車去。陳先生啱啱學識駛車，買咗架新車，佢一定要我哋坐佢架新車。

　　黃先生好會駛車，佢駛車駛咗二十幾年喇，佢一學識駛車就買咗佢而家駛緊呢架車。到咗起程嗰日，唔知點解個個都走去坐黃先生嘅車，淨係我一個人坐陳先生嘅車。

　　喺路上陳先生駛佢架新車駛得好快，黃先生睇見陳先生駛得咁快，佢亦駛得好快，佢話：「陳先生架車雖然新，但係我架車行得快過佢嗰架，你哋唔信你哋睇吓。」

　　陳先生睇見黃先生駛得咁快，佢話：「黃先生雖然駛車耐過我但係佢雙眼冇我雙（眼）咁好，佢架車冇我架咁新，你睇吓我快過佢幾多！」我坐喺陳先生嘅車處一句聲都冇出，我合埋雙眼又擘大雙眼，擘大雙眼又合埋雙眼。

　　一路咁樣行咗七日。

　　我哋每晚一齊食飯嗰陣時陳先生一定話：「黃先生你駛車駛得真係好囉。」黃先生話：「陳先生你駛得好，你駛得好！」

　　第八日我哋就嚟到舊金山喇，大家都好歡喜，一個話：「我去到唐人埠我一定先去食餐唐餐。」一個話：「我去到唐人埠我一定先去睇(一)齣廣東戲。」

　　誰知到咗羅省我遇到一個朋友，佢一定要我喺佢屋企處住幾日。坐黃先生架車嘅幾位朋友有啲有事，有啲唔係幾自然，個個都要喺羅省住幾日先至去舊金山。我哋同陳先生黃先生講，我哋一到舊金山就去上海旅舘搵佢哋。

　　遲一個禮拜，我哋去到舊金山，唔見黃先生亦唔見陳先生，我哋以爲佢一定去咗第二處玩喇。

　　九月五號學校開學喇，重唔見陳先生同黃先生返嚟。有一日朝頭早，我哋行返學校，睇見陳先生坐黃先生架舊車返嚟，陳先生隻左手有條白布紮住，陳先生用右手拍吓黃先生嘅膊頭話：「黃先生駛車駛得真係好喇！佢駛得好過我好多！」

例　　句

I

1.　佢行得快，佢行路行得快。
2.　佢唱歌唱得好好聽。
3.　佢講英文講得唔係好好。
4.　佢食飯食得好慢。

5.　我朋友寫中國字寫得好靚。
6.　呢架飛機飛得好快。
7.　李先生教書教得好好。
8.　呢張椅坐得好自然。
9.　佢瞓得好緊要。
10.　佢太太煮唐餐煮得好好食。
11.　佢係唔係病得好緊要呀。
12.　佢駛車駛得好快。
13.　周先生講說話講得好慢。
14.　我記得好清楚。我記得唔係幾清楚。（或：我唔係幾記得喇）。
15.　你覺得點呀？我覺得好自然。我覺得唔自然。我覺得唔係幾自然。

II

1.　佢行得冇我咁快，佢行路行得冇我咁快。
2.　佢打字打得冇我咁快。
3.　我食（飯食）得冇佢咁多。（或：我冇佢咁食得）
4.　佢駛車冇你（駛得）咁好。
5.　黃太太嘅細蚊仔同張太太嘅細蚊仔讀書讀得一樣咁聰明。
6.　尋日落嘅雨冇今日（落嘅雨）落得咁大。
7.　點解我講英文冇佢講得咁好呢？
8.　我哋廣州話冇佢講得咁正。
9.　我駛飛機冇我駛汽車（駛得）咁好。

10.　我飲酒冇佢飲得咁多因爲我身體冇佢（嘅身體）
　　　咁好。

III

1.　佢駛車（駛得）好過我，佢讀書讀得好過我。
2.　佢比我教多三年書。佢比我食多兩碗飯。
3.　你識幾多個中國朋友呀？佢識五個，我識一個
　　　啫，佢比我識多四個。
4.　佢唱歌冇佢唱得咁好，但係 佢讀書讀得好過
　　　佢。（或：佢讀書比佢好）
5.　你估你駛得最快吖！你駛得快啲，佢駛得重快
　　　過你，咁就好危險囉！
6.　我嘅仔讀書冇我嘅女咁多，但係佢識字（識得）
　　　多過佢，因爲佢好中意睇小說，所以佢識多好
　　　多中國字。
7.　呢間舖頭嘅嘢，賣得好平，平過咽間好多，點
　　　解你唔嚟呢間買呀？
8.　我架車冇佢架車咁新，亦冇佢架車咁貴，但係
　　　我架車行得快過佢架，點解呢？因爲我架車嘅
　　　機器好。
9.　我哋呢處從來未落過咁大嘅雨，今晚落嘅雨重
　　　大過尋晚。
10.　你嘅上海話冇佢講得咁好，你嘅廣東話亦冇佢
　　　講得咁好，但係你嘅英文講得好過佢。

IV

1. 食多啲啦！食多啲咁朵啦。
2. 佢好返啲未呀？好返啲囉，有心。
3. 我哋讀快啲下個禮拜就可以讀完呢本書喇。
4. 黃先生唔該你教慢啲啦，你教得快得滯我哋唔識。
5. 你啲嘢賣得咁貴，賣平啲我就買喇。
6. 我哋要行快啲至可以搭到九點兩個字嘅火車嘑。
7. 我今日想教多啲但係而家已經夠鐘喇。
8. 你要擠多啲番梘就可以洗得乾淨喇。
9. 你畀多兩個銀錢佢，睇佢肯唔肯？
10. 唔該你打開啲嗰個窗好嗎？

V

1. 呢啲藥我點食都食唔落。
2. 呢課書我點讀都讀唔識。
3. 呢個字我點寫都寫唔好。
4. 呢盞燈我點開都開唔着。
5. 我點問佢(佢)都唔肯講。
6. 我點搵都搵唔到。
7. 呢度門我點閂都閂唔埋。
8. 我尋晚點瞓都瞓唔着。
9. 嗰本書我點買都買唔到。

10. 你知道呢張椅點解你點坐都坐唔落嗎？點解呀？因爲你肥得滯。
11. 佢講我聽陳先生喺咽間酒館處食飯，但係我點搵都搵唔到佢。
12. 佢真係有錢囉，佢啲錢點使都使唔晒。
13. 呢處離咽處咁遠我哋今日點行都行唔到嘅喇。
14. 而家已經三點幾喇，銀行已經閂咗門喇，你啲錢今日點攞都攞唔到嘅喇。
15. 你個錶爛得滯點整都整唔返嘅喇。

VI

1. 佢會去啩！
2. 佢呢個人係好人啩！
3. 呢條魚食得啩！
4. 佢唔會唔畀錢你啩！
5. 呢本書你嘅細蚊仔讀得啩！
6. 佢重細未讀得啩！
7. 我掙你幾多錢呀？有咁多啩！
8. 佢係黃先生嘅細佬咩，唔係啩！
9. 佢唔係賣錶咽個人啩！
10. 呢件事唔好咁做啩！

練　習

1. 你寫多兩次就識喇。
2. 你駛多兩次就會駛喇。
3. 你問多兩個人就會問到喇。
4. 你而家去攞報紙吖，唔該你攞多兩張好嗎？
5. 你今日要買多啲餸嘛，因爲陳先生佢哋今晚會嚟食飯。
6. 我好想飲多啲，但係我點飲都飲唔落囉。
7. 我以爲今日冇雨落，誰知而家落咁大雨。
8. 我以爲你唔中意食西餐，誰知你咁中意（食）。
9. 佢從來都唔肯請人食飯嘅，唔知點解今日咁捨得呢？
10. 你係唔係有好多事要做呀？唔係，淨係呢啲咁嘥事啫。
11. 你幾件衫都爛晒喇，淨係呢件重可以着得吓。
12. 係唔係條條路都有危險呀？唔係，淨係嗰條路有危險啫。
13. 佢話唔去，但係卒之去咗。
14. 陳先生話嗰個錶太貴，但係佢卒之買咗。
15. 何太太好中意呢件衫，但係佢唔中意呢件衫嘅顏色；佢中意嗰件衫嘅顏色，但係佢唔中意嗰件衫嘅樣，嗰件佢好中意喇，但係太貴，卒之佢冇買。

第二十三課

生　字

大學	1. 嗰間大學有幾多學生呀？
	2. 你而家喺邊間大學讀緊呀？
父母	3. 佢嘅父母喺邊處呀？　佢父母喺香港。
	4. 你父母喺邊處呀？
阿伯，伯父　伯	5. 你有幾多個阿伯呀？　我有三個阿伯。
	6. 陳伯今年幾多歲喇。
後生仔	7. 嗰個後生仔係邊個呀？嗰個後生仔係何先生嘅仔。
	8. 坐喺你旁邊嗰個後生仔係邊個呀？
國語	9. 佢識講國語嗎？佢唔識講國語，淨係識講廣東話啫。
	10. 你有冇學過國語呀？
人哋	11. 人哋講嘅嘢，唔好信晒，你信啲就好喇。
	12. 人哋有，佢亦有，冇緊要，最怕人哋有佢冇。
錯	13. 佢寫嗰幾個字一啲錯都冇。

14. 呢處錯咗一個字，呢個字咁樣寫至
    啱。
15. 冇錯喇，咁樣寫啱喇。
16. 呢張報紙錯字太多。
17. 講錯冇緊要，最怕做錯啫。

斯文   18. 嗰個細蚊仔真係斯文喇。
19. 佢係斯文人。
20. 佢冇佢咁斯文。

眼瞓   21. 佢一讀書就眼瞓。
22. 唔知點解今日我咁眼瞓呢？

聽話   23. 咁多個細蚊仔邊個最聽話呀？個個
    都唔係幾聽話。
24. 你細蚊仔嗰陣時聽話嗎？

勤力   25. 佢做事好勤力。
26. 佢讀書好勤力但係佢唔係幾聽話。

肚餓   27. 你肚餓未呀？我未肚餓。
28. 我餓得好緊要，有冇嘢食呀？

頸渴   29. 你頸渴嗎？我一啲都唔頸渴。
飽   30. 你(食)飽未呀？我已經食飽喇，唔
    食得落喇。
31. 你未飽嘅，食啲添啦。

壞   32. 佢個人係唔係好壞呀？佢個人唔係
    好壞啩！
33. 因為機器壞咗所以唔行得。
34. 我架車壞咗，你會整嗎？

平常	35.	呢件事好平常啫。
	36.	呢個錶好平常啫，點解賣得咁貴呀？
費事	37.	點解咁費事㗎？如果太費事就唔好囉。
論盡	38.	點解咁論盡呀？
	39.	第二次唔好咁論盡囉。
	40.	佢係唔係時時都係咁論盡㗎？
出奇	41.	真係出奇喇，今日冇落雨。
	42.	點解咁出奇，佢今日冇返嚟食飯呀？
脫	43.	今日咁熱，點解你唔脫咗件衫呀？
	44.	點解脫咗件衫重係咁熱呀？
	45.	點解你唔同你嘅細蚊仔脫咗件衫呀？
掛住	46.	你掛住乜嘢呀？點解我同你講話你都聽唔見呀？
	47.	我掛住佢搵唔倒事做。
掛心	48.	你唔使掛心喇！佢已經到咗喇。
睇門口	49.	冇人同我睇門口，我唔嚟得。
	50.	邊個喺屋企睇門口呀？
認得	51.	你重認得佢嗎？我唔認得佢。
	52.	你認得嗰個人係邊個嗎？
笑	53.	佢笑乜嘢呀？佢笑佢唔識使筷子。
好笑	54.	乜嘢咁好笑呀？

	55.	你估乜嘢咁好笑呢？
慳	56.	咁慳好多錢。
	57.	佢好識慳。
	58.	佢好慳嘅。
估	59.	你估我有幾多錢？　我估你有五十文。
估到喇		
	60.	你估唔估得到佢有幾多錢呀？
食煙	61.	你食煙嗎？我唔食煙。
煙（口，隻）	62.	食（一）口啦。
	63.	呢隻係唔係英國煙呀？
好在	64.	好在今日冇落雨。
	65.	好在你冇去。
	66.	好在我冇食。
愁	67.	你愁乜嘢呀？
	68.	你唔使愁佢唔嚟。
若唔係	69.	好在冇落雨，若唔係好論盡喇。
	70.	好在你嚟吃，若唔係我唔知點算喇。
唔止	71.	佢唔止識講中國話，重識寫中國字添。
	72.	佢唔止有兩個仔，重有三個女添。
	73.	唔止，我知道佢有六個仔，八個女。
情願	74.	我情願學講中國話，唔情願學寫中國字。

75. 我情願讀書，唔情願做事。

76. 你情願去香港抑或去檀香山呀？

成   77. 點解成間屋都冇燈呀？

78. 今日成日都係咁熱。

79. 佢成個月冇嚟過喇。

求其   80. 求其你幾時嚟都得。

81. 你求其中意邊個就攞邊個。

82. 求其一個都得。

再   83. 呢個字要再寫過，佢有冇再嚟過
          呀？

84. 再讀兩次添就識喇。

做   85. 佢係做乜野㗎？佢係做生意嘅。

86. 你喺嗰處做先生吖？

87. 唔係，我喺嗰處做學生啫。

常 用 句

俗語話：   好腥番！   放心啦！
冇錯喇！   冇所謂。

故 事

　　李先生李太太前兩日喺美國寄咗封信畀我，要我去香港大學探吓佢哋啲細蚊仔，父母掛心仔女，個個都係一樣嘅囉！

　　我十幾年冇見過佢哋啲細蚊仔囉！

　　嗰日我去到香港大學搵佢哋，我話我搵李國樑，同李國珍，睇門口嗰個人話：「我哋呢處冇咁（樣）嘅人，我話：「咁就出奇喇！你哋呢處真係冇呢兩個人吖？」嗰個人想咗一陣間，佢畀幾個名我睇，問我係唔係呢幾個名，我話：「唔係呢個亦唔係嗰個，等我想吓…，佢哋唔係叫做國良國珍，就係叫做覺良覺珍喇，你哋呢處有冇呢兩個學生呀？」嗰個人話：冇錯喇！佢哋兩個係喺美國番嚟讀書嘅，係唔係呀？」我話：「係喇！」

　　一陣間，有幾個人喺樓上走落嚟，嗰個人話：「佢哋落緊嚟喇。」我話：「邊個係李覺良，邊個係李覺珍呀？」嗰個人話：「你唔識佢哋咩？」我話：「我唔認得佢哋囉！」

　　有個女仔行埋嚟話：「你係陳伯吖？」我話：「係喇！你就係覺珍嘩！」佢話：「係喇！我就係覺珍，覺良係我阿哥，你重認得佢嗎？呢個就係覺良喇」。我睇見覺良又高又大，覺珍又靚又斯文，我話：「覺珍，你真係愈大愈靚囉！你爸爸媽媽睇見你就開心囉，佢哋有冇（寫）信畀你哋呀？」佢話：「唔止有信嚟重寄咗好多錢畀我哋添！」我話：「佢哋好掛心你哋嘵，點解你哋唔寫信畀佢哋呀？」覺珍笑吓話：「俗語話無信即平安喇嗎？陳伯！」我話：「你哋啲後生仔真係唔知做父母掛心你哋嘅。」

例　句

I

A.　1.　呢張枱又平又靚。
　　2.　呢枝筆又貴又唔好。
　　3.　嗰個人又高又大。
　　4.　嗰個細蚊仔又聰明又聽話。
　　5.　我又瘦又眼瞓。
　　6.　呢個餐又貴又唔好食。
　　7.　佢架車又快又好駛。
　　8.　今日嘅天氣又落雨又冷。
　　9.　我住嗰間屋又遠又唔好。
　　10.　佢寫嘅字又大又醜樣。

B.　1.　佢越大越靚。
　　2.　嗰個細蚊仔越嚟越聽話。
　　3.　你哋廣東話越嚟越好喎。
　　4.　而家呢幾課書越嚟越難讀喇。
　　5.　嗰間餐館嘅餐我越食越中意食。
　　6.　呢件事越做越難唔知點(樣)做先至好。
　　7.　佢嘅錢越嚟越多唔知點(樣)至使得晒。
　　8.　呢課書真係難囉！我越讀越唔識。
　　9.　佢話一飲酒就唔頸渴，我話越飲酒越頸渴。
　　10.　佢話錢唔怕多，錢越多越好，我話錢越多越愁
　　　　哋錢會少咗。

C. 1. 佢唔止識英文重識法文添。
    2. 佢唔止識(講)廣東話重識國語添。
    3. 我唔止中意飲中國茶，重中意飲中國酒添。
    4. 我唔止同我太太去重同埋我哋啲細蚊仔去添。
    5. 佢唔止(話)自己唔去重使佢啲朋友都唔好去。
    6. 我唔止想學廣東話重想學國語添。
    7. 嗰間鋪頭唔止賣英文書重賣中文書添。
    8. 嗰間學校唔止有好多中國先生重有好多美國先生添。
    9. 我唔止識英文亦都識法文。
   10. 佢唔止食煙亦都飲酒。

D. 1. 連你都唔信我吖？
    2. 連最難嘅我都識㗎。
    3. 連你都唔去吖？
    4. 連我都唔知佢姓乜。
    5. 連飯都唔想食。
    6. 連一個仙都冇。
    7. 連嗰兩本書叫做乜嘢名我都唔知。
    8. 連枝墨水筆都唔見咗。
    9. 佢講嗰啲話係乜嘢話呀？點解我連一句都唔識呀？
   10. 點算呀？我連佢嘅門牌都唔記得咗！

II

A. 1. 唔係呢個人就係嗰個人。
   2. 佢幾時嚟過呀？唔係尋日就係前日。
   3. 佢屋企嘅門牌唔係231號就係321號。
   4. 佢唔係讀書就係寫字真係勤力囉。
   5. 唔係呢條鎖匙就係嗰條鎖匙，求其一條都可以開(得)嗰度門嘅喇。
   6. 唔係呢間舖頭就係嗰間舖頭你一定可以買到嗰本書嘅喇。
   7. 嗰架飛機唔係喺紐約嚟就係喺舊金山嚟嘅喇。
   8. 佢唔係坐呢架車就係坐嗰架車去嘅喇。
   9. 我記得佢唔係教英文嘅就係教唱歌嘅喇。
  10. 呢件衫唔係前年買嘅，就係舊年買嘅喇。

B. 1. 唔係呢個亦唔係嗰個，唔知係唔係嗰個呢？
   2. 佢最中意嘅唔係錢亦唔係名，你估係乜嘢呢？
   3. 佢唔止唔飲酒亦都唔食煙真係識慳囉。
   4. 佢唔讀書亦唔做事唔知佢日日坐喺屋企處做乜嘢呢？
   5. 佢講嗰啲話唔係廣東話亦唔係國語，你知唔知係乜嘢話呀？
   6. 你話呢件事唔係你做錯咗亦唔係佢做錯咗，咁邊個做錯咗呀？
   7. 我要嘅唔係呢本書亦唔係嗰本書係一本教人學廣東話嘅書。

8. 你住喺呢條街吖？唔係，唔係呢條亦唔係嗰條係喺嗰間大屋後邊嗰條。

9. 你話佢唔係坐飛機，亦唔係坐火車嚟，佢坐乜乜野嚟㗎？

10. 我唔中意睇書亦唔中意睇報紙，我中意睇小說。

11. 呢本書冇嗰本書咁舊亦冇嗰本書咁貴，唔知你中意唔(中意)呢？

12. 我嘅廣東話講得冇佢咁好亦冇佢(講得)咁快。

13. 英文字冇中國字咁難寫，亦冇中國字咁難讀。

14. 今日冇尋日咁冷亦冇尋日咁大風。

15. 呢件衫冇嗰件衫咁靚亦冇嗰件衫咁好着。

III

A. 1. 嗰張椅被嗰個細蚊仔整爛咗。
2. 嗰架車被佢駛過之後就唔行喇。
3. 我件衫被佢着爛咗。
4. 嗰間屋被佢住咗喇。
5. 嗰啲茶被我哋飲晒喇。

B. 1. 佢哋唔畀我走，一定叫我喺佢哋處食飯。
2. 你畀呢啲錢佢但係唔好畀佢使晒佢。
3. 佢媽媽唔畀佢去嗻，點解你畀佢去呀？
4. 佢咁中意同嗰啲細蚊仔玩，畀佢去啦。
5. 如果你畀佢駛嗰架車，好快趣就爛喇。

C. 1. 點解佢唔賣畀你呢？
    2. 佢話佢已經賣咗畀陳先生喇。
    3. 呢本書係邊個借畀你㗎。
    4. 請你做畀我睇吓。
    5. 呢枝筆係我個朋友送畀我嘅。

D. 1. 我送咗架車畀嗰間學校。
    2. 我買咗兩本書畀我嘅細蚊仔。
    3. 佢話佢一到中國就寫信畀你，佢有寫信畀你咩？
    4. 點解你唔講（畀）我聽你送咗啲乜嘢畀佢呀？
    5. 唔該你揶呢兩本書去畀佢。

E. 1. 等我去攞張椅嚟畀張先生坐。
    2. 唔該你等一陣間，我去攞啲嘢嚟畀啲細蚊仔玩。
    3. 我去攞杯酒嚟畀你飲你就冇咁癮喇。
    4. 唔該你去攞張報紙嚟畀我睇吓聽日有冇飛機去美國。
    5. 有乜嘢事畀我做嗎？

F. 1. 畀中國筆寫英文好難寫。
    2. 畀啲布紮着佢就得喇。
    3. 呢啲嘢要畀匙羹食。
    4. 畀個磅磅吓佢就知道幾重喇。
    5. 你要畀右手揈唔好畀左手揈。

<u>IV</u>

1. 佢唔去喎。
2. 佢話佢好中意食唐餐喎。
3. 佢話佢係中國人但係佢唔識講中國話喎。
4. 佢話食乜嘢都冇所謂喎。
5. 佢話你從來都未請過佢飲茶喎。
6. 佢話佢從來（都）未學過中國話（喎），但係佢講得咁好你信嗎？
7. 佢話幾點鐘嚟呀？兩點喎。
8. 佢要唔要呢張枱呀，佢唔要呢張要嗰張喎。
9. 邊個話我買嘢冇畀錢呀？嗰個喎。
10. 嗰間舖頭嚟咗好多新書喎，我想去買三兩本。

練　習

1. 佢話呢件事係好平常嘅事，請你唔好掛心。
2. 佢平常連一句話都唔講，唔知點解今日講咁多話。
3. 我唔知德國話係咁難嘅，如果我知德國話係咁難嘅，我情願學法國話喇。
4. 煮唐餐咁費事，我情願食西餐囉。
5. 嗰架新嘅咁貴，我情願買嗰架舊嘅喇。
6. 我買呢盞燈冇用，我情願買嗰盞喇。
7. 你要勤力讀書，若唔係人哋就會話你唔係好學生喇。

8. 呢架車你要咁駛至得，若唔係就好易爛喇。

9. 呢啲嘢食唔飽嘅，我情願食飯喇。

10. 我而家又肚餓又眼瞓，若唔係我就幫你喇。

11. 平常用呢個法子就做得喇，唔知點解今日唔做
得呢？

12. 佢話嗰處好危險，唔好去嗰處，若唔係我已經
去咗嗰處囉。

13. 平常佢同埋佢啲朋友一齊去，所以我好放心。

14. 係唔係好費事呀？如果太費事就唔好囉。

15. 平常我叫佢做事，樣樣都做得啱嘅，唔知點解
今日做乜嘢呢？

第二十四課

生　字

洋行	1. 佢喺洋行做事。
	2. 嗰間洋行叫做乜野名呀？
聖誕節	3. 聖誕節放唔放假呀？
	4. 聖誕節你打算去邊處玩呀？
青菜	5. 呢啲青菜幾（多）錢磅呀？
	6. 呢啲青菜喺邊處嚟㗎？呢啲青菜係喺廣州嚟嘅。
醫生	7. 我個朋友病咗，我要搵個醫生去睇佢。
	8. 醫生嚟緊未呀？醫生嚟緊喇。
古仔	9. 呢個古仔係講舊時一個好會唱歌嘅人嘅。
	10. 我中意聽古仔，我唔會講古仔。
	11. （你）講個古仔畀我哋聽好嗎？
笑話	12. 有一個笑話……
	13. 嗰個笑話話……
	14. 嗰個笑話真（係）好笑喇。
水	15. 我想飲水你飲嗎？
	16. 嗰啲水飲得嗎？

鄉下	17.	近來你有冇返鄉下呀？
	18.	你係邊處鄉下㗎？
省城	19.	佢係省城仔唔係鄉下仔。
	20.	廣州係廣東嘅省城。
情形	21.	而家中國嘅情形點樣呀？
	22.	香港嘅情形會唔會比省城好啲呀？
	23.	咽處嘅情形點樣呀？有冇危險呀？
心急	24.	佢個人好心急嘅，你快啲去啦。
	25.	唔使咁心急，佢就返嚟嘅喇。
	26.	唔使咁心急，你啲廣州話就嚟講得好好喇。
哼	27.	呢件衫咁哼，一着就爛喇。
	28.	點解你買個咁哼㗎？
	29.	咽個細蚊仔好哼好唔聽話。
笨	30.	佢真係笨囉，連呢個字都唔識。
	31.	唔怕笨，最怕乜嘢都唔問。
	32.	第二次唔好咁笨囉。
得意	33.	咽齣戲真係得意喇。
	34.	你嘅細蚊仔真係得意喇。
	35.	點解佢咁得意㗎，佢話嚟點解而家重未嚟呀？
紅色， 　紅	36.	紅色嘅好睇。
	37.	我架車係紅色嘅。
黃色， 　黃	38.	黃河喺邊處呀？黃河喺中國。
	39.	咽架黃色嘅車係邊個㗎。

藍色，	40. 佢唔中意藍色嘅，佢中意紅色嘅。
藍	41. 我中意喺海邊睇咽啲藍色嘅海水。
綠色，	42. 而家係綠燈喇，唔係紅燈喇。
綠	43. 陳小姐好中意着綠色嘅衫。
灰色	44. 我架車係灰色嘅，你架呢？
	45. 我歡喜灰色嗰張枱，我唔中意嗰張綠色嘅。
	46. 咽隻灰色嘅船係乜嘢船呀？
辛苦	47. 呢件事咁辛苦唔好做囉。
	48. 佢係唔係病得好辛苦呀？
	49. 今日真係熱得辛苦囉。
唔好意思	50. 唔好意思啩！（唔係幾好意思啩！）
	51. 真係唔好意思囉！
	52. 唔使唔好意思，你去問佢喇。
	53. 唔好意思。
貴	54. 貴（學）校有幾多人呀？
	55. 貴旅館有幾多間房呀？
	56. 貴洋行有幾多人做事呀？
榮幸	57. 我覺得非常榮幸，今日可以嚟貴校參觀。
	58. 我覺得好榮幸，我可以嚟到貴國參觀。
	59. 我覺得非常榮幸今日嚟呢處同各位傾吓偈。
各	60. 各人有各人嘅事。

	61.	各位請坐。
	62.	各位朋友……
問候	63.	佢叫我問候你。
	64.	你有冇同我問候佢呀？
	65.	唔該你同我問候佢。
回信(畀……)	66.	你回咗封信畀佢未呀？
	67.	佢有冇回信畀你呀？
過	68.	過咗今年佢就七歲喇。
	69.	已經過咗兩個禮拜喇，佢重未嚟。
	70.	過咗嗰間舖頭就係喇。
斟	71.	唔該你斟杯茶畀我。
	72.	唔該你斟多啲。
	73.	點解唔斟得出呀？
原諒(見諒)	74.	請你原諒我！我今日唔得閒。
	75.	請你見諒我！我冇法子同你去。
	76.	你見諒佢呢一次喇，第二次佢唔敢喇。
明白	77.	你明白我嘅意思嗎？
	78.	你而家明白未呀？佢講得唔係幾明白。
	79.	唔該你講明白啲得嗎？
變成	80.	佢而家變成我嘅好朋友喇。
	81.	白色嘅可以變成黑色嘅，但係黑色嘅冇法子變成白色嘅。
	82.	佢本來係一個肥佬，而家變成瘦佬

喇。

打電話	83.	你打電話畀邊個呀？我打（電話）畀我嘅先生。
參觀	84.	你打畀佢做乜嘢呀？
	85.	唔該你同我打一個電話得嗎？
	86.	有人請我去參觀香港大學。
	87.	我想去參觀你哋嘅學校得唔得呀？
	88.	我尋日參觀幾間學校，間間都好好。
令（到）	89.	嗰次令我好唔好意思。
	90.	咁嘅天氣令人覺得好唔自然。
	91.	呢件事令我好難做。
演講	92.	佢演講得好好。
	93.	有人請佢去演講。
	94.	你有冇學過演講呀？
自從	95.	自從佢識廣東話之後，佢就時時講廣東話喇。
	96.	自從你走咗之後，佢冇嚟過。
	97.	自從佢買咗架車佢就冇錢喇。
請客	98.	今日有冇人請客呀？
	99.	係唔係你請客呀？
	100.	佢好中意請客。
講笑	101.	係唔係講笑呀？唔係講笑，係真嘅。
	102.	佢同你講笑啫，你唔好嬲。
講唔出	103.	呢句話我講唔出。

講唔出咁…	104.	佢嗰到一句話都講唔出。
	105.	嗰個女仔講唔出咁靚。
原來	106.	原來佢係你嘅女朋友。
	107.	原來你係英國人。
	108.	佢話佢好有錢 ，原來佢一個仙都冇。
打	109.	幾（多）錢一打呀？二十文一打。
	110.	你要幾多打呀？
不如	111.	不如買呢個啦。
	112.	不如唔好去囉。
	113.	呢個不如嗰個。
起首	113.	你哋幾時起首呀？

常　用　句

譬如，………譬如………

　　譬如你唔識講英文，你可以去嗰間學校處學。

　　譬如你唔識講英文你可以同佢講法文。

　　譬如你唔食唐餐，你可以食西餐。

好似………噉

　　好似中國噉，地方又大，人又多，應份有好多好好嘅路。

　　好似佢噉，佢嘅細蚊仔個個都大囉，佢而家真係安樂囉。

好似佢哋屋企噉，咁多細蚊仔冇咁多間房點夠住呀？

梗係啦……

梗係啦，喺呢處去中國有三千幾里咁遠，兩日點到得呀？

梗係啦，呢套衫貴過嗰套好多噃！

梗係啦，你咁高咁大，你唔食多過佢點得呀？

噉嘅情形（之下）

噉嘅情形你唔好去喇。

噉嘅情形我冇法子做嘅噃。

噉嘅情形最好你去講（畀）佢嘅先生知喇。

如果係噉……

如果係噉，你就唔好買喇。

如果係噉，你聽日唔使嚟喇。

如果係噉，點算呢？

故　事

自從何小姐去咗北京之後，張先生時時都好掛着佢，起首兩個禮拜寫一封信畀何小姐，收尾越寫越多，有時一個禮拜寫三四封，張先生日頭喺一間洋行處做事，晚頭黑喺一間學校處學中文。

嗰間學校教中文嘅法子，係用國語嚟教，張先生有一位識英文嘅先生喺屋企處教佢國語，佢一面讀書一面做事非常辛苦，有時晚頭讀書嗰陣時，又肚餓又眼瞓，但係佢一想起何小姐講嗰句話就 唔記得肚餓同眼瞓喇！

張先生學咗兩個月嘅中文同國語之後， 佢話：「乜嘢咁難㗎？ 我唔學囉！」嗰日佢接到何小姐一封信，除咗問候佢，重問佢而家識講中國話未呀？ 張先生回信畀何小姐話：「我已經學咗兩個月嘅中國話喇， 我而家重學緊………」

又過三個月， 張先生因爲搬咗去一位朋友嘅屋企處住， 佢同佢朋友屋企啲人一齊食飯，一齊傾偈，慢慢佢學識好幾句廣東話，有一日， 佢問嗰個教佢國語嘅先生話：「李先生，我學嚟學去我啲國語重係咁吟， 我真係笨囉，我重要學幾耐先至得識呀？」 李先生話：「張先生你唔好咁心急，你再學一年添， 你就講得好好喇！」

遲幾個月， 張先生喺學校唔止識聽教中文嘅先生講嘅係乜嘢，重可以用國語嚟同各位先生傾偈添， 佢自己好歡喜。

就（嚟）到聖誕節喇， 張先生接到何小姐一封信，何小姐封信話：「美生我接到你封中文信， 我真係講唔出咁歡喜， 請你原諒我咁唔客氣（嚟）問你，呢封信係唔係你自己寫㗎？如果係自己寫嘅，你真係………」

過咗年， 何小姐同佢媽媽喺北京搬落嚟香港住，何小姐自己去搵屋，冇法子搵到，佢講國語冇人識聽， 佢請張先生同埋佢一齊去。

第二日張先生話： 「何小姐你要我介紹一位識講國語又識講英文嘅先生嚟教你廣東話嗎？」何 小 姐 話：「好呀，好呀！」

咽晚張先生打咗個電話畀何小姐，話：「我而家同咽位先生嚟喇好嗎？」何小姐話：「請嚟坐啦！」

一陣間，張先生一個人去到何小姐處，何小姐話：「咽位教廣東話嘅先生呢？」張先生話：「我就係喇！唔……，學廣東話要慢慢學至得，今日學啲，聽日學啲，日日都學多啲，今日講得唔好，聽日講得好啲，一日好過一日，學得兩三年之後，咁就越識越多越講越好囉……」

例　　句

I

　雖然……但係

1.　雖然廣州話好難學，但係我好中意學。
2.　雖然佢請我食飯，但係我唔想去，因爲我有好多事要做，我唔得閒去。
3.　雖然我唔識佢，但係我知佢係陳先生嘅朋友李先生。
4.　雖然佢好想讀書，但係佢冇錢，所以冇法子讀書。
5.　雖然我同佢係好朋友，但係呢件事我唔幫得佢。
6.　佢雖然唔係幾聰明，但係好勤力。
7.　雖然佢冇嚟搵過我但係我知佢已經嚟咗香港喇。
8.　雖然呢件事唔係幾難做，但係我估佢一個人唔做得，一定要一兩個人幫佢至得。

9.　雖然我識佢冇幾耐，但係我知佢呢個人好好。

10.　佢雖然係咁講，但係我估佢唔會咁做。

II

起首（或起先………）………收尾

1.　起首（或從來）我一啲都唔識，收尾我學咗兩
　　年先至識。

2.　起首佢一啲都唔飲，收尾佢飲吓，飲吓，越飲
　　越中意飲。

3.　起首佢話唔嚟，收尾佢話如果黃先生嚟佢亦都
　　嚟。

4.　起首我冇問佢姓乜嘢，收尾佢自己話佢姓陳，
　　啱啱喺美國返嚟。

5.　起首我唔信佢，收尾佢話佢係你嘅好朋友，所
　　以我畀咗二十文佢。

6.　起首佢話佢唔識我，收尾佢話：「啊！你就係
　　黃先生嘑！」

7.　起首我哋冇打算去法國嘅，收尾有個朋友話：
　　「法國咁好玩，點解你哋唔去玩呢？」我聽見
　　佢咁話，所以喺法國住咗兩個禮拜。

8.　起首佢唔肯賣，收尾我畀五文佢，佢話：「先
　　生請（你）返嚟啦，五個二好嗎？」

9.　起首我唔識使筷子，有人講我聽：「你慢慢學
　　吓學吓就識喇，收尾，我真係學吓學吓就識
　　喇！」

10.　起首佢唔止（話）唔識中國字，佢連一句中國話都唔識聽，收尾佢唔止（話）識聽中國話，識講中國話，重識寫中國字添。

III

一面……一面（一邊……一邊）
1.　佢一面寫字一面唱歌。
2.　佢一面叫人唔好飲酒，佢一面自己成日飲酒。
3.　我一面去買餸，你一面返屋企煮飯啦。
4.　佢一面請我哋坐，一面斟茶畀我哋飲。
5.　佢一面行一面想，呢件事真係做錯囉。
6.　我一面學講中國話，一面學寫中國字。
7.　佢一面話：「夠喇！夠喇！我唔飲喇！」佢一飲又飲咗兩杯。
8.　今日嘅天氣真係得意喇，一面落雨一面出日頭。
9.　佢一面讀書一面做事，真係辛苦囉。
10.　佢一面話冇錢一面又成日請客，我真係唔知點解囉。

IV

除咗……之外，就……　除咗……之外，重……
1.　除咗呢幾件之外，重有冇第二件呀？
2.　除咗黃先生之外，我就一個都唔識喇。
3.　你除咗會講廣東話之外，你重會講乜嘢話呀？

4.　呢處咁多個人除咗佢之外，個個都唔去。
5.　除咗呢幾首歌之外，你重會唱邊首呀？
6.　除咗你教過我之外，就無人教過我囉。
7.　除咗你之外，重有冇邊個會講英文㗎？
8.　我日日除咗上課之外，就喺屋企讀書，好耐冇出去玩囉。
9.　你除咗買書之外，重想買啲乜嘢呀？
10.　除咗陳先生之外，重有冇人（嚟）探過我呀？

V

A．1.　佢唔去喇嘛。
2.　張先生已經去咗美國囉喎。
3.　你哋好去喇（嘛），點解重未去呀？
4.　呢兩日嘅天氣冇前幾日咁冷囉嘛。
5.　佢去咗喇啩！佢重未去咩？
6.　而家啲青菜冇前幾日咁貴囉嘛。
7.　佢唔去喇咩？點解唔早啲講我哋知呢？
8.　佢而家又去喇咩？我真（係）唔明白佢乜嘢意思喇。
9.　佢話佢去啦嗎（或嗎），我唔知佢唔去嗎！
10.　係一個人啦嗎（或嗎）？唔係兩個啦嗎？

B．1.　食啲添啦！點解你唔食呀？
2.　讀多兩趟（或次）添啦，讀多兩趟你就識喇。
3.　等我去買啲添啦，再買半打夠未呀？

4. 平啲添啦！四文你賣嗎？

5. 畀多一文添啦！

6. 五文之嘛，買咗佢啦。

7. 佢唔係唔識（唱）佢唔中意唱之嘛。

8. 呢處有五個人之嘛，邊處有幾十(個)咁多呢？

9. 醫生使佢一啲酒都唔好飲，佢話：醫生使「我飲少啲之嘛，唔係使我一啲都唔飲。」

10. 我唔係學咗兩年，我學咗兩個月之嘛！

11. 淨係呢隻顏色啫咩？

12. 我有法子開呢度窗門，你有法子開嗎？有法子嘅喇，係咁嘅喇。

練　習

1. 佢雖然好中意講笑，但係佢做緊事嗰陣時一句聲都唔出嘅。

2. 起首我以爲廣東話同省城話唔同，而家我先至知省城話（或省話）即係廣東話。

3. 起首我以爲廣州即係廣東，原來廣州係廣東嘅省城。

4. 除咗紅色，黃色，藍色，綠色之外，我哋重有灰色嘅，唔知你中唔中意呢？

5. 如果呢件衫係藍色嘅咁就好睇好多喇。

6. 除咗問候佢之外，唔該你同我畀呢兩本書佢。

7. 佢呢個人真係得意喇，一面喺銀行借錢一面日日請客。

8. 梗係啦，而家呢處啲嘢咁貴，不如返鄉下住
囉。

9. 嗰處嘅情形點呀？有冇危險呀？除咗一笪地方
之外，處處都冇事喇。

10. 雖然佢原諒我，但係我重係覺得唔好意思。

11. 好似香港咁，地方又細人又多，想搵一間好好
住嘅屋唔係幾易嘢。

12. 雖然醫生話佢已經好返囉，但係佢話佢隻手重
係唔係幾自然。

13. 起首佢話唔覺得點，收尾佢越嚟越心急，佢叫
人打電話畀醫生，叫醫生即刻嚟。

14. 唔係我講唔明白，就係佢聽唔明白喇，我講嚟
講去，佢重未明白我嘅意思。

15. 梗係啦，你講嘅廣東話唔係幾清楚，佢講嘅英
文唔係幾正，你用廣東話問佢，佢用英文答
你，你唔明白佢問乜嘢，佢亦唔明白你講乜
嘢，佢梗係冇法子明白你嘅意思喇。

16. 今日你除咗去參觀嗰間大學之外重有邊處要去
嘅嗎？

17. 咁嘅情形除咗行上去冇第二樣法子上得去嘢。

18. 咁嘅情形令我唔知點算好，我應份去嗰間英文
學校參觀呢抑或去嗰間中文學校演講呢？

19. 我哋今日可以嚟到貴國幫你哋各位做事，我哋
覺得非常榮幸⋯⋯⋯

20. 我睇見你哋各位做事咁落力，件件事都做得咁
    好，令我覺得我以後同埋你哋各位一齊做事，
    一定可以學到好多嘢。

第十九至二十四課　　溫習

故　　事

　　有一日我去省城一間出名嘅大學參觀，參觀完之後，嗰間學校嘅先生同學生請我食飯，食完飯之後，有一位先生叫我演講，我話：「唔敢當，我唔會演講。」佢話：「唔使客氣，你隨便講幾句啦！」我企起身對各位先生各位學生話：「Ladies and gentlemen………」有個學生話：「你嘅廣東話講得咁好，點解你唔用廣東話講呀？」我話：「乜嘢話？」第二啲學生話：「係囉！係囉！一定要用廣東話講！」我想咗一陣間，我話：「你哋各位一定要我用廣東話講，好啦，我用廣東話講，但係我講得唔好，你哋各位唔好笑我㗎！」

　　「各位先生各位好朋友，今日我嚟到貴（學）校參觀，我睇見好多我以前未睇過嘅嘢，我識多好多以前未識嘅嘢，我亦食咗好多從來未食過咁好食嘅嘢，我覺得非常嘅歡喜，非常嘅榮幸。

　　我嚟到呢處睇見各位讀書嘅勤力，各位先生教書教得咁好，令我想起我細蚊仔嗰陣時讀書嘅情形，我想起我嘅先生，我想起佢教過我點樣演講，我想起佢話過：『好嘅演講唔使講得好長，有時越短越好……所以，我……我………我而家講完喇，多謝各位，多謝各位。』」

　　我講完之後咽啲學生話：「唔得，唔得，重要講！重要講！」我話：「對唔住，我唔識講喇，我唔識講喇，我係識講咁多啫！」有一個學生話：「你啲廣東話點(樣)學㗎？」

　　我話：「我喺耶魯大學學嘅，我喺咽處讀咗六個月，起首我唔敢學，因爲我聽見話廣東話好難學，收尾我問一位喺咽處教廣東話嘅先生：「廣東話係唔係好難學呀？」佢話：「學廣東話唔難，學廣東話好似學唱歌噉，你會唱歌嗎？」我話：「我會」，佢話：「啊！咁就得喇。」

練　習

I

a.　我買咗咽本書喇。　　　　　　我整過個錶喇。
　　我買到咽本書喇。　　　　　　我整起個錶喇。

　　我讀過咽本書喇。　　　　　　佢去咗中國喇。
　　我讀識咽本書喇。　　　　　　佢去到中國喇。

　　我畀咗啲錢佢喇。　　　　　　佢做過咽件事喇。
　　我畀返啲錢佢喇。　　　　　　佢做起咽件事喇。

b.　邊個駛過呢架車呀？　　　　　邊個食咗呢啲嘢呀？
　　邊個駛爛咗呢架車呀？　　　　邊個食晒咗呢啲嘢呀？

　　邊個坐過呢張椅呀？　　　　　邊個着咗我件衫呀？
　　邊個坐爛咗呢張椅呀？　　　　邊個着爛咗我件衫呀？

邊個嚟咗呀？   邊個閂過道門呀？
邊個嚟遲咗呀？   邊個閂埋道門呀？

c.　我開過道門喇，但係道門唔開得開。
　　我整過架車喇，但係未整得起。
　　我搵咗成日喇，重未搵到。
　　我讀咗成日喇，重未讀識。
　　我架車整咗兩日喇，重未整起。
　　我瞓咗兩點鐘喇，但係重未瞓着。
　　我去銀行借過錢喇，但係唔借得到（或借唔到）
　　我想過喇，但係想唔得起。
　　我開過嗰盞燈喇，但係開唔着。

d.　嗰封信我寫咗兩點鐘重未寫起。
　　嗰封信我寫起咗兩點鐘喇。

　　嗰件事我做咗兩日重未做完。
　　嗰件事我做完咗兩日喇。

　　呢課書我讀咗兩日喇，重未讀識。
　　呢課書我讀識咗好耐喇。

　　我架車佢整咗兩日喇，重未整好。
　　我架車已經整好兩日喇。

　　嗰一千文我已經使咗好耐喇，重未使晒。
　　嗰一千文我已經使晒好耐喇。

e.　佢䁥未呀？
　　　佢䁥緊喇。
　佢䁥咗未呀？
　　　佢䁥咗喇。
　佢䁥着未呀？
　　　佢䁥着喇。
　佢䁥唔䁥得着呀？
　　　佢䁥得着。
　　　佢唔䁥得着。
　佢䁥咗幾耐呀？
　　　佢䁥咗好耐喇。
　佢䁥着咗幾耐喇？
　　　佢䁥着咗好耐喇。
　佢有冇䁥過呀？
　　　佢䁥過兩次喇。

　佢搵乜野呀？
　　　佢搵緊一本書。
　佢搵過嗰本書未呀？
　　　佢搵過喇。
　佢搵到未呀？
　　　佢搵到喇。
　佢搵唔搵得到呀？
　　　佢搵得到。
　　　佢搵唔到。

　佢解乜野呀？
　　　佢解嗰條繩。
　佢解咗未呀？
　　　佢解咗喇。
　佢解開未呀？
　　　佢解開喇。
　佢解唔解得開呀？
　　　佢解得開。
　　　佢唔解得開。
　佢解咗幾耐呀？
　　　佢解咗好耐喇。
　佢解開咗幾耐喇？
　　　佢解開咗好耐喇。
　佢有冇解過呀？
　　　佢解過兩次喇。

　佢整乜野呀？
　　　佢整緊佢架車。
　佢整咗佢架車未呀？
　　　佢整咗佢架車喇。
　佢整起未呀？
　　　佢整起喇。
　佢整唔整得起呀？
　　　佢整得起。
　　　佢整唔起。

佢揾咗幾耐喇？
佢揾咗好耐喇。
佢揾到幾耐喇？
佢揾到好耐喇。

佢整咗幾耐喇？
佢整咗好耐喇。
佢整起幾耐喇？
佢整起好耐喇。

f . 起首我借唔到收尾借到喇。
起首我想唔起收尾想起喇。
起首我攞唔到收尾攞到喇。
起首我睇唔見收尾睇見喇。
起首我揾唔到收尾我揾到喇。
起首我開唔開，收尾我開開喇。
起首我剷唔着，收尾我剷着喇。
起首我買唔到，收尾我買到喇。

起首我以爲唔攞得返，收尾我攞返喇。
起首我以爲唔整得返，收尾我整返喇。
起首我以爲唔做得起，收尾我做起咗喇。
起首我以爲唔開得着，收尾我開着咗喇。
起首我以爲唔去得到嗰處，收尾我哋去到喇。
起首我以爲唔揾得到，收尾我揾到喇。
起首我以爲唔學得識，收尾我學識喇。
起首我以爲唔解得開，收尾我解開喇。

雖然我揾到我嘅錶，但係已經爛咗喇。
雖然我見到佢但係我冇同佢傾偈。
雖然我睇見過嗰隻船，但係我唔知嗰隻係邊國嘅船。

雖然我聽見過佢咁講，但係我唔知佢真係要去。
雖然我寫起封信喇，但係我唔記得佢住喺邊處喇。
雖然我閂埋咽道窗門，但係重有風入嚟。
雖然我開着盞燈，但係重係太黑。
雖然咽個賊已經捉到喇，但係我哋錢已經畀佢使晒
　　喇。

II

a. 呢處同咽處邊處離火車站遠哋呀？
　　呢處遠哋，咽處離火車站冇呢處咁遠。

　　呢件事同咽件事邊件事易做哋呀？
　　呢件事易做哋，咽件事冇呢件咁易做。

　　呢個細蚊仔同咽個細蚊仔邊個聽話哋呀？
　　呢個聽話哋，咽個冇呢個咁聽話。

　　你架車同佢架車邊架好駛哋呀？
　　佢架車好駛哋，我架車冇佢架車咁好駛。

　　你哋兩個講英文邊個講得好哋呀？
　　佢講得好哋，我講得冇佢咁好。

　　佢哋兩個邊個打字打得快哋呀？
　　佢打得快哋，我打得冇佢咁快。

　　你哋兩個邊個高哋呀？
　　佢高過我兩寸，我矮過佢兩寸。

咽隻船同呢隻船邊隻重啲呀？
咽隻重三百噸，呢隻冇咽隻咁重。

呢處咁多架車邊架最平呀？
呢架二千文，咽架平過呢架二百文，咽架灰色嘅最
  平，千六文啫。

咽處咁多隻船邊隻最重呀？
咽隻紅色嘅千二噸重，咽隻綠色嘅重過呢隻紅色
  嘅，咽隻黑色嘅最重。

b. 佢有佢咁高，但係冇佢咁瘦。
  佢同佢一樣咁高，但係冇佢咁瘦。
  佢冇佢咁高，亦冇佢咁瘦。
  佢高過佢但係冇佢咁瘦。
  佢高過佢好多，但係冇佢咁瘦。

  我架車有佢架車咁新，但係冇佢架車咁好駛。
  我架車同佢架車一樣咁新，但係冇佢架車咁好駛。
  我架車冇佢架車咁新？亦冇佢架車咁好駛。
  我架車新過佢架車，但係冇佢架車咁好駛。
  我架車新過佢架車好多，但係冇佢架車咁好駛。

  我間屋有佢間屋咁好，但係冇佢間屋咁近。
  我間屋同佢間屋一樣咁好，但係冇佢間屋咁近。
  我間屋冇佢間屋咁好，亦冇佢間屋咁近。
  我間屋好過佢間屋，但係冇佢間屋咁近。
  我間屋好過佢間屋好多，但係冇間佢屋咁近。

　　嗰隻船有呢隻船咁大，但係冇呢隻船咁快。
　　嗰隻船同呢隻船一樣咁大，但係冇呢隻船咁快。
　　嗰隻船有呢隻船咁大，亦冇呢隻船咁快。
　　嗰隻船大過呢隻船，但係冇呢隻船咁快。
　　嗰隻船大過呢隻船好多，但係冇呢隻船咁快。

　　檀香山有香港咁好玩，但係冇香港咁大。
　　檀香山同香港一樣咁好玩，但係冇香港咁大。
　　檀香山冇香港咁好玩，亦冇香港咁大。
　　檀香山好玩過香港，但係冇香港咁大。
　　檀香山好玩過香港好多，但係冇香港咁大。

Ⅲ

a. 佢寫字有我咁快，但係冇我寫得咁靚。
　　佢寫字同我一樣咁快，但係冇我寫得咁靚。
　　佢寫字冇我咁快，亦冇我寫得咁靚。
　　佢寫字快過我，但係冇我寫得咁靚。
　　佢寫字快過我好多，但係冇我寫得咁靚。

　　佢行得有我咁快，但係佢冇我行得咁遠。
　　佢行得同我一樣咁快，但係佢冇我行得咁遠。
　　佢行得冇我咁快，亦冇我行得咁遠。
　　佢行得快過我，但係冇我行得咁遠。
　　佢行得快過我好多，但係冇我行得咁遠。

　　我駛車有佢咁好，但係冇佢駛得咁快。

我駛車同佢一樣咁好，但係冇佢駛得咁快。

我駛車冇佢咁好，亦冇佢駛得咁快。

我駛車好過佢，但係冇佢駛得咁快。

我駛車好過佢好多，但係冇佢駛得咁快。

佢嘅廣東話講得有你咁好，但係冇你咁正。

佢嘅廣東話講得同你一樣咁好，但係冇你得講咁
正。

佢嘅廣東話講得有你咁好，亦冇你講得咁正。

佢嘅廣東話講得快過你，但係冇你講得咁正。

佢嘅廣東話講得快過你好多，但係冇你講得咁正。

尋日落嘅雨有今日咁大，但係冇今日落得咁耐。

尋日落嘅雨同今日一樣咁大，但係冇今日落得咁
耐。

尋日落嘅雨有今日咁大，亦冇今日咁耐。

尋日落嘅雨大過今日，但係冇今日落得咁耐。

尋日落嘅雨大過今日嘅好多，但係冇今日落得咁
耐。

SPEAK CANTONESE

VOCABULARY IN CHARACTER

The following characters and expressions are arranged by a combination of stroke counting and stroke order. In this system a character or an expression is first sorted into a group according to the number of strokes in the character or the number of strokes in the first character of the expression. The group is subdivided according to the value of the first stroke arranged in the order of 1. a dot (﹑), 2. a horizontal stroke (—), 3. a vertical stroke (|), and 4. a left downward slant (∕). Within each subdivision the arrangement is made according to the value of the second stroke, and so on.

Character	*Romanization*	*English Meaning*	*Lesson*
1 (—)			
一	yāt	NU: one	3
一	yāt (plus M)	N: each	6
一半	yātbun	N: a half	6
一定	yātdihng	A: definitely, certainly, sure	11
一齊	yātchái (or yātchàih)	A: together	14
一樣	yātyeuhng	SV: the same (kind)	20
一陣間	yātjahngāan	TW: (in) a moment, (after) a short while	11
一共	yātguhng	A: altogether, all told	22
一路順風	yātlouh seuhnfùng	A: pleasant journey (to you)	18
一月	yātyuht	TW: January	13
（一）個半	(yāt)gobun	NU: 1½	6

			L
一向...都	yātheung...dōu	MA: all along, have always...	18
一個骨	yātgogwāt	N/M: one quarter	17

2（一）

二	yih	NU: two	3
二月	yihyuht	N: February	13
十	sahp	NU: ten	3
十一月	sahpyātyuht	N: November	13
十二月	sahpyihyuht	N: December	13
十月	sahpyuht	N: October	13
七	chāt	NU: seven	3
七月	chātyuht	N: July	13
乜（嘢）	māt (yéh)	N: what	5
乜嘢話	mātyéhwá	IE: What?	21
刀	dōu	N: knife	15
刀仔	dōujái	N: pocket knife	15
又	yauh	A: again	11

2（丿）

人	yàhn	N: man, person	4
人哋	yàhndeih	N: other peoples	23
入去	yahpheui	V: go in	11
入嚟	yahplèih	V: come in	11
八	baat	NU: eight	8

			L
八月	baatyuht	N: August	13
九	gáu	NU: nine	3
九月	gáuyuht	N: September	13
九龍	Gáulùhng	PW: Kowloon	21

3 (丶)

叉	chā	N: fork	15

3 (一)

三	sàam	NU: three	3
三藩市	Sàamfàahnsíh Gauhgāmsāan	PW: San Francisco	21
三個半	sàamgobun	NU: 3½	6
三個半個	sàamgobungo	NU: three halves	6
三月	sàamyuht	N: March	13
三個骨	sàamgogwāt	NM: three quarters	17
寸	chyun	M: inch	21
廿	yah	NU: twenty	3
下晝	hahjau	TW: afternoon	17
下邊	hahbihn	PW: bottom, below, underneath, under	9
下個月	hahgoyuht	PH: next month	13
下個禮拜	hahgoláihbaai	PH: next week	13
大	daaih	SV: be large, big	4
大前日	daaihchìhnyaht	TW: the day before the day before yesterday	13

			L
大家	daaihgā	N: we all, all of us	22
大西洋	Daaihsàiyèuhng	PW: Atlantic	21
大人	daaihyàhn	N: adult	8
大後日	daaihhauhyaht	TW: the day after the day after tomorrow	13
大學	daaihhohk	PW/N: university, college	23
丈	jeuhng	M: ten Chinese feet (141 English inches)	21

3 (│)

已經	yihgìng	MA: already	12
小心	síusàm	V/SV: look out for/be careful	20
小說	síusyut	N: a novel	22
小姐	síujé	N: miss, daughter (polite) lady (unmarried)	5
上海	seuhnghói	PW: Shanghai	10
上去	séuhngheui	V: go up	
上嚟	séuhnglèih	V: come up	11
上堂	sèuhngtóhng	VO: go to class	16
上晝	seuhngjau	TW: forenoon	17
上個禮拜	seuhnggoláihbaai	PH: last week	13
上個月	seuhnggoyuht	PH: last month	13
上邊	seuhngbihn	PW: top, about, on	9
山頂	sàandéng	N: summit	19
口	-háu	M: (measure for cigarette)	23

L

3 (丿)

| 千 | chìn | NU/(M): thousand | 6 |
| 女 | Néui; néui | N/BF: daughter/female | 8 |

4 (、)

火車	fóchè	N: train	10
火車站	fóchèjaahm	N/PW: railroad station	10
六	luhk	NU: six	3
六月	luhkyuht	N: June	13
文	*-mān	M: dollar	6
之前	jìchìhn or yíhchìhn	MA: before..., a...ago	18
之後	jìhauh or yíhhauh	MA: after...	18
方便	fòngbihn (or bihn)	SV: convenient	18
心急	sāmgāp	SV: be impatient	24

4 (一)

尺	chek	N: a rule	21
尺	-chek	M: a Chinese foot (141 English inches)	21
巴黎	Bàlàih	PW: Paris	14
天津	Tìnjèun	PW: Tiensin	18
天氣	tìnhei	N: weather	10
五	ng	NU: five	3
五月	ngyuht	N: May	13

* 粵音借用字

			L
卅	sà'ah	NU: thirty (abbr. form)	3
不如	bātyùh	IE: It is better to; might as well V: not as good as, not up to	24
太	taai	A: too	1
太太	taaitáai	N: Mrs, Madame; wife (polite); lady (married)	5
太平洋	Taaipìhngyèuhng	PW: Pacific Ocean	21
冇	móu	V: have not	3
冇緊要	móugányiu	IE: never mind; it doesn't matter	15
冇問題	móumantàih	IE: no problem at all	13
冇用	móuyuhng	SV: useless	16
冇所謂	móusówaih	IE: it doesn't matter	23
冇錯喇	móuchola	IE: that's right	23
冇幾耐	móugéinói	PH: after a while (lit. not very long)	11
不過	bātgwo	MA: but, however	20

4 (|)

少	síu	SV: be few; less	8
日	yaht	M: day	13
日本	-yahtbún	N: Japan	13
日日	yahtyaht	PH: every day	13
日頭	yahttáu	TW/N: daytime/sunshine	17
中文	Jùngmàn	N: Chinese (written language)	20
中間	jūnggäan	PW: the center	21

			L
中國	Jùnggwok	N: China	2
比	béi	CV: than; compared with	20
比較	béigaau	V/A: compare/comparatively, rather, more	20
水	séui	N: water	24

4 (丿)

今日	gàmyaht	TW: today	10
今朝早	gàmjìujóu	TW: this morning	11
今晚	gàmmáan	TW: tonight	11
今年	gàmnín	TW: this year	13
分（鐘）	fān (jūng)	M: minute	17
分別	fànbiht	N: difference	20
父母	fuhmóu	N: parents	23
介紹	gaaisiuh	V: introduce	18
月	yuht	N: month	13
月	yuht	CF: month	13
手	sáu	N: hand	4
斤	-gàn	M: catty, pound (Chinese) (1-1/3 English pound)	21

5 (丶)

半	-bun	NU: half	6
半個	bungo	bungo ½	6

5 (一)

			L
平	pèhng	SV: inexpensive, cheap	18
平安	pìhngngòn	SV: peaceful, safe	23
平常	pìhngsèuhng	SV/MA: be ordinary/ordinarily	23
平時	pìhngsìh	M/A: usually, ordinarily	18
未	mei (or mēichàhng)	P: negative indicating that the action has not yet been performed	12
可以	hóyíh	AV: can (be permitted) may	7
打	dá	V: to hit	19
打開	dáhòi	RV: open	19
打	dā	M: a dozen	24
打字	dájih	VO: to type	19
打電話	dádihnwá	VO: to make a phone call	24
打仗	dájeung	VO: make war, fight	18
打算	dásyun	V/N: plan to, plan	18
正	jeng	SV: be accurate, correct	22
正話	jingwah	MA: just (a moment ago)	17
正月	jìngyuht	N: January	13
古仔	gújái	N: story	24
去	heui	V: go, go away, go to	10
去街	heuigāai	VO: go out (onto the street)	10
本	-bún	M: (for book)	3
本來	búnlòih	MA: originally	18
左	jó	SV: left	21

			L
右	yauh	SV: right	21
加拿大	Gànàdaaih	PW: Canada	21
布	bou	N: cloth, material	22

5 (|)

兄弟	hìngdaih	N: brothers	21
以前	yíhchìhn . . . yíhchìhn	MA: formerly, before, previously, before . . . ; . . . ago	18
以爲	yíhwàih	CV: to think that, suppose	22
以後	yíhhauh	MA: (t)hereafter, afterwards, from now on	18
北	bāk	BF: north	21
北京	Bākgìng	PW: Peking	13
叫	giu	V: call; order (dishes)	14
叫	giu	CV: call, tell, order	14
叫做	giu (jouh)	EV: named, is called, considered as	16
叫醒	giuséng	RV: to wake (somebody) up	17
四	sei	NU: four	3
四月	seiyuht	N: April	13
出	chēut	V: out	11
出嚟	chēutlàih	V: come out	11
出去	chēutheui	V: go out (there)	11
出世	chēutsai	V: be born	13
出年	chēutnín	TW: next year	13

			L
出奇	chēutkèih	SV: strange (unnatural; inexplicable, puzzling)	23
出聲	chēutsèng	VO: say (something), make a (vocal) sound	22
出名	chēutméng	SV: famous	18
外邊	ngoibihn	PW: outside	9
用	yuhng	V/N: use; use	16
用來	yunglèih	CV: used for	16

5 (丿)

生日	sàangyaht	N: birthday	13
生意	sàangyi	N: business (buying and selling)	7
句	geui	M: (measure for 'syutwah' or 'wá' — spoken language)	
副	-fu	M: set (measure for set of fork and knife, chopsticks etc.)	15
仙	sīn	N: cent	6
仔	jái	N: son	8
仔	-jái	P: (diminutive suffix to nouns)	20
白	baahk	SV: white	22
台灣	Tòihwāan	PW: Formosa, Taiwan	21
令	lihng	V: to cause	24

6 (丶)

次	chi (or tong)	M: a time or occasion	16
	leuhng-sàamchi	PH: a couple of times	24

			L
字	jih	N: word, character (written word)	7
安士	-ōnsí	M: an ounce	21
安樂	ngònlohk	SV: contented, comfortable	18
亦（都）	yihk (yihkdōu)	A: also, too, as well	8
交關，利害，緊要	gàaugwàan, leihhóih, gányiu	SV: seriously; terribly	20

6 （一）

再	joi	A: once more, . . .more, (*joi* V NU M), again	16
再見	joigin	IE: Goodbye	2
地方	deihfòng	N: place	15
地址，住址	deihjí (or jyuhjí)	N: address	17
西	sài	BF: west	21
西餐	sāichāan	N: western food	7
老	lóuh	SV: be old	20
成	sèhng	NU: a whole, entire	23
百	-baak	NU/M: hundred	6
有	yáuh	V: have	3
有心	yáuhsàm	IE: thank you for inquire.	4
有（一）啲	yáuh (yāt) dī	N: some, a little (Lit. there are some; there is a little)	6
有用	yáuhyuhng	SV: useful, helpful	16
有事	yáuhsih	MA: sometimes	17

			L
有乜指教呀	yáuhmātjígaau a?	IE: Is there anything I can do for you?	11
有時	yáuhsìh	A: sometimes	20
有錢	yáuhchín	SV: be rich, wealthy	6
而家	yìhga	TW: now, at present	7
至	*ji	A: 'not...until', 'must...before', 'then and only then'; only	18
灰色	fūisīk	SV: gray	24

6 (|)

			L
早	jóu	SV: early	17
早晨	jóusàhn	IE: Good morning	2
早餐	jóuchāan	N: breakfast	17
同	tùhng	SV: be the same	20
同（埋）	tùhng (màai)	CV: with, and, for	14
因爲	yànwaih	MA: because	8
吖	àh	P: sentence particle making statement into yes-no question; expresses surprise or disbelief, asks for confirmation of surprising statement.	1
吓	-háh	P: (do something) once, a little	15
回	wùih	V: reply	24
回信...俾	wùihseun (béi...)	VO: to send a letter in return (to ...)	
肉	yuhk	N: meat	20

			L
收尾	sāumēi	A: last	18
收尾	sāumēi	MA: afterward, later on	18

6 (丿)

企	kéi	PW: house of family	9
企	kéih	V: stand	11
合	hahp	V: close (book, eye, box, etc.)	19
名	méng	N: name	16
各	gok-	SP: each, every	24
多	dò	SV: be many, be much; more	8
多謝晒	dòjehsaai	IE: Thanks for everything; thank you very much	4
多謝 (你)	dòjeh (néi)	IE: Thank you (for a gift).	4
年	-nìn (or nín)	M: year	3
年年	nìnnìn	TW: every year	13
危險	ngàihím	SV/N: be dangerous/danger	22
先	sìn	A: first (in Cantonese *sìn* as an adverb can be used after the verb)	14
先生	sìnsàang	N: Mr., sir, gentleman, teacher, husband (polite)	5
自在	jihjoih	SV: comfortable	18, 20
自己	jihgéi (or jihgēi)	N: self, oneself	14
自從	jihchùhng	MA: ever since; since	24
自然	jihyihn	SV: comfortable	22

L

向	heung	CV: towards (in the direction of)	21
件	-gihn	M: article, piece, item, (measure for 'sih(gon)' -affair, or 'yéh' -thing)	7
印度	Yandouh	PW: India	18
好	hóu	SV: be good, well; o.k., fine	1
好	hóu	A: may, should	11
好	hóu	A: very, quite	1
好	-hóu	RVE: ending of RV	19
好話	hóuwah	IE: you are welcome; kind of you to say so	4
好樣	hóuyéung	SV: good looking	13
好玩	hóuwáan	SV: amusing, interesting	14
好醒㗎	hóusēng boh!	IE: be careful	23
好在	hóujoih	MA: fortunately	23
好嗎	hóumá	PH: ...all right? Would you	4
好笑	hóusiu	SV: funny, ridiculous	23
好幾年	hóugéinìn	TW: good many year	13
如果	yùhgwó (or yeuhkhaih)	MA: if, in case	14
行	hàahng	V: walk, go or run (of watch, cars, etc.)	11
行嚟行去	hàahnglèih hàahngheui	PH: walk back and forth	

7 (、)

| 完 | -yùhn | P: verb suffix indicates the finishing of an action | 12 |

			L
冷	láahng	SV: be cold	20
汽車	heichè	N: automobile, car	10
快（趣）	faai (cheui)	SV: fast	18
快車	faaichè	N: express	18
辛苦	sànfú	SV: be taxing, exhausting; causing suffering	24

7（一）

把	-bá	M: measure for knife	15
走	jáu	V: run; leave (to depart)	11
走嚟走去	jáulèih jáuheui	PH: run back and forth	
李	Léih	N: Li, Lee (surname)	5
抑或	yīkwaahk waahkhaih	MA: or (as whether...or...)	17
求其	kàuhkèih	MA: at one's convenience, pleasure; any (whatever)	23
卽係	jīkhaih	EV: is precisely, (emphatic), is none other than	16, 17
卽刻	jīkhāak	MA: at once, immediately	14

7（丿）

見	-gin	RVE: ending of RV	19
見	gin	V: meet (somebody by prior arrangement); pay a visit to (rather formally)	12
里	léih	M: a Chinese mile (1/3 of an English mile)	21

			L
呀	a	P: sentence particle to choice type questions and questions made with interrogative words (see note 9)	1
呔，領帶	tāai, léhngdáai	N: necktie	19
吳	Ng	N: Wu (surname)	10

7 (丿)

坐	chóh	CV: ride on, take, by (bus, train, ship, plane) V: sit, drop in (for a visit); take a seat	10
位	wái	M: for person (polite)	8
每	múi	SP: each, every	13
估	gú	V/N: to make a guess/riddle	21
估到	gúdóu	RV: guess (an answer) correctly	23
肚餓	tóuhngo (or ngo)	SV: be hungry	23
住	jyuh	V: stay, live (at a place)	11
何	Hòh	N: Ho (surname)	10
似	chíh	V: looks like, resemble	20
伯父，亞伯，伯	baakfuh, a-baak, -baak	N: father's elder brothers, uncles, a familiar title applied to any elderly man.	
我	ngó	PN: I, me	1
我哋	ngódeih	PN: we, us	
你	néi	PN: you (singular)	1

L

你話	néi wah...	PH: Do you think ...? Don't you think ...?	
你哋	néideih	PN: you (plural)	1
佢	kéuih	PN: he, she, him, her	1
佢哋	kéuihdeih	PN: they, them	1
身體	sàntái	N: body; health	22
但係	daahnhaih	MA: but, however	4
姊妹	jímúi	N: sisters	21
希望，望	hèimong (or mong)	N/V: hope, expect	20
利害	leihhoih	SV: severe, terrible	20

8 （、）

河	hòh	N: river	21
法子	faatjí	N: method, way, device	14
法國	Faatgwok	PW: France	14
定係	dihng (haih)	MA: or (as in 'whether ...or...')	17
定實	dihngsaht	AV: make a definite decision (to do something); have decided on (doing something)	22
房	fóng	N: room	9
怕	pa	V: to be afraid of...	20
卒之	jyūtjì	MA: finally	22
放心喇	fongsām lā	IE: don't worry	23
放工	fonggùng	VO: stop work (at the end of the day)	17

			L
放假	fongga	VO: to grant a holiday, have a holiday, have a vacation	22
放學	fonghohk	VO: get out of school (at the end of the day)	17

8 (一)

玩	wáan	V: play, enjoy or amuse one-self; play musical instruments	14
青菜	chèngchoi	N: green vegetable	24
拍	paak	V: to pat; to clap	22
事，事幹，事情	sih, sihgon, sihchìhng	N: task, undertaking, project, job	7
或者	waahkjé	MA: may, maybe; perhaps, or (only used in answer)	17
東	dùng	BF: east	21
両	-léung	M: an ounce (1/16 of a catty)	21
両	léuhng	NU: two or couple	3
雨	yúh	N: rain	14
枝	-jì	M: (for writing instruments)	3
杯	būi/bùi	N/M: glass/cup	15
到	dou	V: arrive (at), reach	12
到	dóu	RVE: ending of RV	19
到	-dou	RVE: ending of RV	19
到極	-dougihk	A: (suffix to SVs, indicating superlative or exaggerated degree)	20

L

8 (丨)

畀	béi	V: to give	4
肯	háng	AV: will, to consent to	22
長	chèuhng	SV: be long	20
呢	nī	SP: this (here)	4
呢	nē	P: a question particle	4
呢	nīdī	N: these	6
咁	gam	A: so, such	6
咁要睇	gámyiutái	It all depends	21
咁上下	gamseuhnghá	Ph: about; around; approximately (comes after number-measure combinations)	20
哼	yáih	SV: be bad or poor (in quality)	24
味	mei	M: (measure for dish of food)	15
門	mùn	N: door, gate	19
門牌	mùnpàaih	N: number of house	17
明白	mìngbaahk	V/SV: to understand, be clear	16
易	yih-	P: prefixed to functive verbs, means 'easy to....'	20
花	fā	N: flower	19

8 (丿)

| 爸爸 | bàhbā (or lóuhdauh, fuhchàn) | N: daddy, father | 16 |
| 知（道） | jì (dou) | V: know, know about | 5 |

			L
肥	fèih	SV: be fat	20
周	jàu	N: Chou (surname) Chow	8
朋友	pàhngyáuh	N: friend	4
佬	-lóu	P: suffix means 'man' (fellow)	20
使	sái	V: use, spend	15
		CV: send, tell (someone to do something)	15
		AV: need to, have to	15
非常	fèisèuhng	A: extraordinarily	20
姓	sing	EV: be surnamed/surname	5
妹	múi	N: younger sister	13
所以	sóyíh	MA: therefore, so	8
往時	wóhngsí	MA: formerly, in the past	18
近	káhn	SV: near	21
近來	gahnlói	MA: recently	18
返	-fàan	RVE: ending of RV	19
返	-fàan	P: indicates 'return to'	13
返工	fàangùng	VO: go to work	17
返嚟	fàanlèih	V: return	11
返學	fàanhohk	VO: go to school	17

9 (、)

洗	sái	V: to wash	22
洋行	yèuhnghóng	N: foreign firm	24
家姊	gājè (or jè, jèhjè)	N: elder sister	21

			L
首	-sáu	M: (measure for 'gō'-song)	7
美國	méigwok	N: America (U.S.A.)	2
前邊	chìhnbihn	PW: front, in front of before	9
前日	chìhnyaht	TW: day before yesterday	13
前年	chìhnnín	TW: year before last year	13
前個禮拜	chìhngoláihbaai	TW: last week (or week before last)	13
前個月	chìhngoyuht	TW: last month	13
前幾年	chìhngéinìn	TW: several years ago	13
衫	sāam	N: clothes, dress, gown	14
記得	geidāk	V: remember	16

9 (一)

屋	ngūk	N: house	9
屋企	ngūkkéi	PW: house of family	9
閂	sàan	V: close (door, gate)	19
架	-ga	M: (measure for car, airplane)	10
飛機	fèigèi	N: airplane	10
南	nàam	BF: south	21
南京	Nàamgìng	PW: Nanking	18
要	yiu (or ngoi)	V: want	2
要	yiu	AV: want to, have to, must, need to, would like to, be going to	7
要來	yiulèih	CV: used (or need) for	16

L

挺	tíng	M: measure for sickness	22
挺（或樣）	tíng (or yeuhng)	M: kind, sort	14
枱	tói (or tòih)	N: table, desk	3
城	sèhng	N: walled city; city, town	9
耐	*noi (or nói)	SV: a long time	13

9（丨）

咩	mē	P: question ending expressing surprise, doubt, etc.	10
英文	Yìngmàn	N: English (language)	8
英國	Yìnggwok	PW: England	14, 21
若唔係	yeuhkmhaih	MA: otherwise	23
省城	sáangsèhng	N: capital city of a province, it also means Canton	24

9（丿）

香	hèung	SV: fragrant	19
香港	Hèunggóng	PW: Hongkong	10
重	chúhng	SV: be heavy	21
重	juhng	A: still, yet	8
重係	juhnghaih	A: still, as before, as usual (the addition *haih* to certain adverbs such as *juhng, jauh, jàn,* etc., serves to make them more emphatic.)	16
風	fùng	N: wind	21
係	haih	EV: to be; equal; it is	5

L

信	seun	V: believe	21
信	seun	N: letter	13
（封）		M: fùng	13
俗語話	juhkyúhwah	PH: there is a saying	23
食	sihk	V: eat	7
食飯	sihkfaaln	VO: eat (intransitive)	7
食煙	sihkyīn	VO: smoke	23
煙（仔）	yīn (jái)	N: cigarette	23
後來	hauhlòih	MA: afterwards, later on	18
後日	hauhyaht	TW: day after next	13
後年	hauhnín	TW: year after next	13
後生仔	hauhsāangjái	N: young fellows	23
後邊	hauhbihn	PW: rear, back	9
待慢晒	doihmansaai	PH: I have treated you shabbily	18
紅色	hùhngsīk	N: red color	24
紅	hùhng	SV: be red	

10 （丶）

海	hói	N: sea	21
酒	jáu	N: wine	15
酒店	jáudim	PW: hotel	12
酒館	jáugún	N: restaurant	15
送	sung	V: deliver (a thing); escort, send off; take (a person somewhere); present (a gift)	13

			L
高	gòu	SV: be tall, high	1
座	-joh	M: (measure for storied building — 'láu')	9
病	behng	N/V: sickness/to be sick or ill	22
容易	yùhngyih, yih	SV/A: easy/easily, easy to	20
家人	gàyàhn	N: the family (members)	14
旅行	léuihhàhng	N/V: a journey/to travel	22
旅館	léuihgún	PW: hotel	12
旁邊	pòhngbīn	PW: the side of, flank, beside	21
唐餐	tòhngchāan	N: Chinese food	7
唐人埠	Tòhngyàhnfauh	PW: Chinatown	22

10 (一)

哥	gō (or agō, daaihlóu)	N: elder brother	21
馬	Má	N: Ma (surname)	12
書	syù	N: book	2
班	bàan (or bāan)	M: (measure for a group of persons	19
捉	jūk	V: to catch, to net	19
紮住	jaatjyuh	V: to tie up	22
埋	màai	P: up to, over to, against; near (only with verbs of motion)	13
埋	-màai	RVE: ending of RV	19
埋	-màai	P: indicating 'with' 'along with', 'also with'	14
起	héi	RVE: ending of RV	19

L

起身	héisàn	VO: get up	17
起程	héichìhng	V: to start a journey, to set out	22
起首	héisáu	V: start, begin	24
眞係	jànhaih	A: certainly, really	10, 16
原諒，見諒	yùhnleuhng, ginleuhng	V: to excuse	24
原來	yùhnlòih	MA: so ... after all ... (used in exclamations, on discovering the true facts of a situation)	
除咗⋯之外	chèuihjó...jìngoi	besides	24

10 (|)

茶	chàh	N: tea	15
晏	ngaan	SV: late (in the day)	17
晏晝	ngaanjau	TW/N: noontime/lunch	17
晏覺	ngaangaau	N: a nap	17
晒	-saai	P: verb suffix, used as 'all' or 'whole'	12
時時	sìhsìh	A: often, always, frequently	18
唞	táu	V: rest	13
唅嘜哈	hahmbaahnglaahng	A: altogether, all told	22
唔	m̀	P: negative prefix to unmodified verbs	1
唔該	m̀gòi	IE: thank you, sorry, excuse me	4
唔該晒	m̀gòisaai	IE: thank you for every thing; thank you very much	4

L

唔記得	m̀geidāk	V: unable to remember; forget	16
唔緊要	m̀gányiu	IE: never mind, it doesn't matter	15
唔敢當	m̀gáandòng	IE: You are flattering me! (lit. I am not entitle to...)	11
唔捨得	m̀sédāk	V/AV: can't bear to part with/be grudging about (doing something)	22
唔止	m̀jí	MA: not merely..., not only..., not as little as you say	23
唔見咗	m̀ginjó	V: lost; be lost, become lost	12
唔係	m̀haih	Ph: negative used instead of 'm̀' when verb is preceded by an adverb, e.g. m̀haih géi..., is not very...	1
唔係幾	m̀haihgēi	A: not very	1
唔得閒	m̀dākhàahn	SV: busy	11
唔自然	m̀jihyìhn	SV: not feeling well; ill, uncomfortable	22
唔使客氣	m̀sái haakhei	IE: don't mention it, please don't bother	4
唔使唔該	m̀sái mgòi	IE: don't mention it, you are welcome	4
唔好	m̀hóu	AV: better not, don't (imperative)	11
唔好意思	m̀hóuyisi	IE: I'm sorry!	

10 (丿)

| 島 | dóu | N: island | 21 |

L

笑	siu	V: to laugh	23
笑話	siuwá	N: joke	24
個	-go	M: (for persons or things)	3
條	-tìuh	M: (measure for 'gāai' — street, 'sósìh' — key, etc.)	10
隻	jek	M: (measure for ship, boat, hand, foot, domestic animals, etc.)	10
秤	ching	M: kind, brand (for gasoline, cigarette, etc.)	10
		N/V: catty stick/to weigh with a cattystick	21
紐約	Nīuyēuk	PW: New York	21

11 (、)

涼爽	lèuhngsóng	SV: be cool	20
清楚	chìngchó	SV: distinct, clear	22
淨係	*jihnghaih	MA: only	22
情願	chìhngyún	A: rather, prefer	23
情形	chìhngyìhng	N: circumstance, condition, situation	24
寄	gei	V: send (something by mail), mail	13
毫子	hòuhjí	N/M: dime, ten-cent piece/ten-cent unit	6

11 (一)

張	-jèung	M: (measure for table, chair, paper)	3

L

張	Jèung	N: Chang, Cheung (surname)	5
問	man	V: ask	9
問候	manhauh	V: to ask the health of another; to send kind regards to...	24
帶	daai	V: take or bring along	13
探	taam	V: visit	10
接	jip	V: meet; receive (letter)	10
捨得	sédāk	AV/SV: to be willing to part with/to be generous	22
掙	*jàang	V: lack, be short; differ by; owe	17
掛心	gwasàm	SV: worry, be worried	23
掛住	gwajyuh (gwasàm)	V: to be concerned with; to wory; to be anxious about	23
乾淨	gònjehng	SV: be clean	22
教	gaau	V: to teach	20
教書	gaausyù	VO: teach (intransitive)	13
都	dōu	A: also, too ,likewise; in all cases; both	2
陳	Chàhn	N: Chen (surname)	5

11 (|)

處	-syu (or douh)	P: a place	9
唱	cheung	V: sing	7
唱歌	cheunggō	VO: sing (intraintive)	7
咗	*-jó	P: verb suffix, indicating completed action	12

L

啦	lā	P: sentence final used with mild comands, suggestions, request; or to express final decision	11
啱	*ngāam	SV: be right	5, 17
啱嗎	*ngāam ma?	Is this correct?	5
啱喇	*ngāam la.	Yes, that is right.	5
唔啱	*mngāam.	No, it is not (correct).	5
啱啱	*ngāamngāam	MA: just (a moment ago)	17
啲	*dī	M: (indicates that the noun following is plural)	6
（一）啲	*(yat) dī	N: a little, a few	6
啲咁深	*dīgamdēu	N: a tiny bit	20
晚頭	*máantáu	TW: night, evening	17
晚黑	*máanhāak	TW: night, evening,	17
晚頭黑	*máantàuhhāak	TW: nighttime, night, evening	17
晚餐	máanchāan	N: supper	17
匙羹	chìhgāng -gāng (or -gàng)	N: spoon / M: spoonful	16
將來	jèunglòih	MA: in the future	18
國	gwok	N: country	6
國語	gwokyúh	N: Chinese Mandarin (language)	23
眼	ngáan	N: eye	22
眼瞓	ngáanfan	SV: be sleepy	23

11 （丿）

			L
笨	bahn	SV: be stupid	24
笪	*-daat	M: (measure for place)	15
特別	dahkbiht	A/SV: distinctively, unusually, especially/strange	20
脫	tyut	V: to undress, to take off	23
脫	*tyut	M: suit of clothes	14
參觀	chàamgùn	V: to pay a visit to (e.g. school, museum, etc.)	24
夠	gau	SV/V: be enough, sufficient	6
夠錢	gauchín	Ph: have enough money	6
細	*sai	SV: be small, little	4
細蚊仔	saimānjái	N: child, children	5
鄉下	hèunghá	N: the country (rural); one's native place	24
停	tìhng	V: stop; park	21
做	jouh	V: be, act as	23
做乜嘢	*jouhmātyéh	MA: why	18
做事，做	jouhsih	V/VO: do/(deeds, work), work	7
做乜嘢呀	*jouh mātyéh a?	IE: what's the matter?	9
做乜事幹呀	*jouh māt(yēh) sihgon a?	IE: what's happened?	9
做生意	jouhsàangyì	VO: do business, be in business	7
借	je	V: to borrow	19
借…畀	*je…béi	V: to lend	19
俾錢	béichín	VO: pay	7

			L
魚	yú	N: fish	15
船	syùhn	N: ship, boat, steamship	10
得	*-dāk	P: can, (be possible) may	7
得意	*dākyi	SV: be interesting, strange, cute	24
得滯	*-dākjaih	A: more (or less) than enough; (suffix to SV indicating a regrettable degree)	20
得閒	*dākhàahn	SV: having free time	11
從來都…	chùhnglòih dōu... yātheung dōu...	Ph: all along; have always ...	18
從來未	chùhnglòih mei (or m̀, móu) yātheung m̀ (or móu)	Ph: never have (done something)	18
從前	chùhngchìhn	MA: formerly	18

12 （丶）

湯	tòng	N: soup	15
添	tìm	P: a sentence final meaning 'more' when it is used in a form such as '(juhng) or (joi) V NU M tìm.'; meaning 'also' in 'V N tìm.'	16
着	jeuk	V: wear	14
着	jeuhk	RVE: ending of R V	19
窓門	chēungmún	N: window	19
就	jauh	A: then (introduce subsequent action); at once; only, just	16
就咁喇	jauhgámlā	IE: good, Let's do it that way	

			L
就係	jauhhaih	EV: is (more emphatic)	16
就算⋯都⋯	jauhsyun...dōu...	A: even if ... still ...; even if ... nevertheless	

12 (一)

敢	gáam	AV: dare	20
椅	yí	N: chair	3
搵	wán	V: look for, find	9
捏（擰）	nīk (or nìng)	V: hold (in one hand); hold in general); bring or take (something somewhere; in this sense always used with -heui or -lèih)	13
朝	jìu	M: morning	17
朝（頭）早	jìutàuhjóu	TW: morning	17
黃	Wòhng	N: Hunag, Wong (surname)	5
黃色	wòhngsīk	N: yellow color	24
黃	wòhng	SV: be yellow	24
尋日朝	kàhmyahtjīu chàhmyahtjīu johkyahtjīu	TW: yesterday morning	12
尋日	kàhmyaht chàhmyaht johkyaht	TW: yesterday	12
尋晚	kàhmmáan chàhmmáan johkmáan	TW: last ngiht	12
斯文	sìmàn	SV: be cultured	23

			L
費事	faisih	SV: laborious, troublesome	22

12 (|)

黑	hāak	SV: black, dark	19
菜	choi	N: vegetable; dish of food as those served in restaurants	15
啫	jē	P: that's all, only; not at all	7
喺	hái	V: be located at, in, on	9
喺	hái	CV: from	9
喺	-hái	P: a suffix to certain verbs of location	
喂	waih, wái	P: hello; hey	11
喇，囉	la, lo	P: indicating changed status	8
幅	-fūk	M: measure for cloth	22
貴	gwai	SV: be expensive	2
貴	gwai	SV: your honorable — as to country, school, store, factor, etc.	24
貴姓呀	Gwai sing a?	IE: What is your surname?	2
買	máai	V: buy	2
最	jeui	A: the most, -est (marker of the superlative degree)	20
睇	tái	V: look, read, look at	2
睇見	táigin	RVE: see	12
睇門口	tái-mùnháu	V: to take care of a house	23

L

睇門口嘅人	tái-mùnháuge yàhn	N: a gate-keeper	23
間	gàan	M: (measure for 'ngūk' — building, house, room etc.)	9
開	-hòi	P: away from RVE: away	13 19
開	hòi	V: open, start away (train, bus, ship)	16
開心	hòisàm	SV: amused, happy, contented	18
開學	hòihohk	VO: start school	22

12 (丿)

番梘	fàangáan	N: soap	22
筆	bāt	N: pen, pencil, writing brush	3
第	daih-	P: prefix to make cardinal numbers ordinal	5
第二	daihyih	SP: another, other	5
第二啲	daihyihdì	SP: other, orthers	5
第三課	daihsàmfo	PH: the third lesson	3
第幾課呀?	daihgéifo a?	which lesson?	3
等	dáng	V: wait	11
等我睇吓	dáng ngó táiháh	PH: let me see	13
無論	mòuleuhn	MA: no matter..., whether...or not	16
幾	géi	A: fairly, quite rather	1
幾	géi	A: how	13
幾	géi	NU: few, several; odd, more than; which (of a series) some	13

			L
幾（多）	géi (dò)	NU: how many, how much	3
幾時	géisí, géisìh	TW: when (?), at what time?	12
街	gāai	N/PW: street	10
答	daap	V: to answer	18
短	dyún	SV: be short	20

13 （、）

道	-douh	M: measure for door, gate, window	19
話	wah	V: say	7
話	wá	N: spoken language, dialect	7
新	sàn	SV: be new	6
意思	yisi	N: meaning, idea, intention	16
裏邊	léuihbihn	PW: inside, in, within	9

13 （一）

零	-lìhng (lèhng)	NU: zero (where one or more digits in the middle of a number are zeros,)	6
電油	dihnyàuh	N: gasoline	19
預備	yuhbeih	V: prepare	19
報紙	boují	N: newspaper	2
想	séung	AV: consider (doing something): plan to, want to, would like to	6
想	séung	V: think of, think about	6
煮	jyú	V: to cook	8

L

煮飯	jyúfaahn	VO: cook (intransitive)	8
斟	jàm	V: to pour	8
搭	daap	CV/V: go by (mode of transportation)/ride, take	22
搬	bùn	V: to move	13
搬（屋）	bùn (ngūk)	VO: to move from one place to another	13
聖誕節	singdaanjit	N: Christmas	24
碗	wún	N/M: bowl	15
碟	dihp	M: (measure for dish of food)	15
盞	-jáan	M: (measure for lamp, light)	19
勤力	kàhnlihk	SV: industrious, diligent	23

13 (｜)

歲	seui	N: years (old)	16
萬	-maan	NU/M: ten thousand	6
嗎	ma	P: sentence particle; makes a statement into a yes-no question	17
路	louh	N: road	17
號	houh	M: day (of month); number (of house, room, etc.)	13, 17
賊	chahk	N: thief, bandit	19
嗰	*gó-	SP: that (there)	4
嗰啲	*gódī	N: those	6
嗰陣時 ...gójahnsí	*gójahnsí...	TW: at that time...; meanwhile TW: when (while...; at the time of...	12

			L
落堂	lohktòhng	VO: finish class	16
落雨	lohkyúh	VO: raining	19
落去	lohkheui	V: go down	19
落嚟	lohklèih	V: come down	11
暑假	syúga	N: summer vacation	22
過	gwo	V: to pass, to exceed, to cross	17, 24
過嚟	gwolèih	P: over, over to, across,	13
過去	gwoheui	across to	
過	-gwo	P: used in compairson similar to the English — er than in the patter 'X is taller than Y'	20
過	-gwo	P: indicates 'across to'	13
過	-gwo	P: verb suffix, indicating experience	12
過頭	-gwotàuh	A: more than enough (suffix to SV indicating to a regrettable degree)	20
遇到	yuhdóu	V: to meet with, to encounter	21

13 (丿)

愛嚟	ngoilèih	CV: used (or needed) for	16
飯	faahn	N: cooked rice, meal	7
飲	yám	V: drink	15
筷子	faaijí	N: chopstick	15
愁	sàuh	V/SV: worry	23

L

矮	ngái	SV: be low, be short (opp. gòu)	20
傾偈	kìnggái	VO: chat, converse	14
解	gáai	V: to untie	19
經過	gìnggwo	V: pass through	21
媽媽 lóuhmóu móuchàn	màmā	N: mother	16
會	wúih	AV: can, (know how to) be able to	7
會	wúih	AV: may, would, likely	18

14 (、)

漸漸	jihmjím	MA: gradually	18
慢	maan	SV: slow	16
慢慢	maanmáan	A: slowly, gradually	18
慢慢行	maanmāanhàahng	depart slowly	18
榮幸	wìhnghahng	SV: be privileged (to do something), feel privileged (that ...)	24
認得	yihngdāk	V: to recognize	23
說話	syutwah	N: spoken words	7
演講	yíngóng	V/N: to give a speech/a speech	24
慳	hàan	V/SV: to save/be thrifty	23

14 (一)

| 輕 | hèng | SV: be light (opp. heavy) | 21 |

			L
歌	gō	N: song	7
聞	màn	V: smell	19
遠	yúhn	SV: be far	21
緊	gán	P: indicating continuance of action	11
緊要	gányiu	SV: be important, serious	20

14 (│)

嘅	-ge	P: particle indicating modification	6
嘢	yéh	N: thing	5
對	deui	CV: to, towards (facing)	18
對面	deuimin	PW: opposite	21
對唔住	deuimjyuh	IE: I'm sorry.	9

14 (ノ)

飽	báu	SV (RVE): have eaten one's fill, be satisfied	23
銀	*ngán	N: money, (vernacular)	6
銀錢	ngànchín	N: dollar	6
銀行	ngànhòhng	N: bank	19
膊頭	*boktàuh	N: shoulder	22
綠色	luhksīk	N: green color	24
綠	luhk	SV: be green	24

15 (丶)

			L
寫	sé	V: write	7
寫字	séjih	VO: write	7
課	-fo	M: lesson	12
瘦	sau	SV: to thin	20
請	chéng	V/CV: invite/please, ask (invitational sense), request	4
請客	chénghaak	VO: to give a party, (lit. to invite guests)	24
請回	chéngwùih	IE: please return	18
請問	chéngman,...	IE: may I ask, . . . Would you please tell me	9
請你再講一次	chéng néi joi góng yātchi	PH: please say it again	5
請你同我問候	chéng néi tùhng ngó manhauh	PH: please give my regards to. . .	18
誰知	sèuihjì	MA: who would have thought (it) (?)	22
論盡	leuhnjeuhn	SV: awkward (unkillful, clumsy)	23
廣州	Gwóngjàu	PW: Canton	7
廣州話	Gwóngjàuwá	N: Cantonese (dialect)	7
廣東	Gwóngdùng	PW: Province of Kwangtung	22
廣東話	Gwóngdùngwá	N: Cantonese (dialect)	7

15 (一)

| 趟 | tong | M: trip | |

L

熱	yiht	SV: be hot	20
賣	maai	V: sell, sell for, for sale (maai géi chín a? how much does it cost?)	6
樣	*yéung	N: appearance (look), style	13
（好樣）	hóuyéung	SV: good looking	13
（醜樣）	cháuyéung	SV: ugly	13
樓	láu (or làuh)	N: building with two or more floors; storey, floor	9
樓上	làuhseuhng	PW: upstairs; second floor	9
樓下	làuhhah	PW: downstairs, the main floor	9
駛	*sái	V: drive (a car), operate (a plane)	22
靚	*leng	SV: be pretty, handsome, good looking	1
磅	-bohng	M: a pound	21
磅	bohng	V: to weigh	21
隨便	chèuihbín	MA: as one pleases (lit. follow convinience), at random	15

15 （ノ）

噉	gám	A: in this way; or in that way; in that case; well, . . . ; then	11
瞓	fan	V: sleep	17
瞓醒	fanséng	RVE: awake	17
瞓覺	fangaau	VO: sleep	17
墨西哥	Maksāigō	PW: Mexico	21

			L
墨水筆	makséuibāt	N: fountain pen	16

15 (丿)

德國	Dākgwok	PW: Germany	14
舖頭	*poutáu	N: store, shop	9

16 (丶)

闊	fut	SV: be wide	20
燈	dāng	N: lamp, light	19

16 (一)

遲	chìh	SV: late; later	17
醒	séng	SV: swake	17
整	jíng	V: to repair, to fix; to prepare (dishes)	19
頭	tàuh	BF: first (ordinalizing prefix denotes the first one or more persons or things)	16
頭先	tàuhsīn	MA: just a while ago	18
機器	gèihei	N: a machine	22
頸渴	génghot	SV: thirsty	23

16 (丨)

餐	-chàahn	M: (measure for 'faahn' — meal)	7
餐	chāan	N: meal (western), food	7

			L
噸	-dēun	M: a ton	21

16 (丿)

錢	chín	N: money	6
錯	cho	N/SV/RVE: error, fault, mistake/to be wrong; be wrong	23
錶	bīu	N: watch	3
餓	ngo (or tóuhngo)	SV/V: hungry	15
學	hohk	V: learn; study	10
		AV: learn to, study how to	10
學生	hohksāanng	N: student	8
學校	hohkhaauh	N/PW: school	9

17 (、)

講	góng	V: say; talk, speak, tell (when used with 'tèng' and jì)	7
講…知	góng...jì	N: spoken something	7
講…聽	góng...tèng		
講說話	góngsyutwah	VO: talk, speak (intransitive)	
講唔出	góngmchēut	RV: can't say	24
講唔出咁	góngmchēut gam...	A: indescribably	
講笑	góngsíu	VO: to crack a joke	24
應份	yìngfahn (or yìnggòi)	MA: ought to, should	17

17 (一)

擘	maak	V: to open (the eyes, etc.)	22
擘開	maakhòi	V: to open (the eyes, etc.)	

L

擘大	maakdaaih	V: to open wide (the eyes ect)	
聰明	chùngmìng	SV: be clever, mentally bright, smart	8
幫	bòng	V/CV: help	16
檀香山	Tàahnhèungsàan	PW: Honolulu	21
擠（喺）	jài	V: put	14
	jàihái	V put at	
	jài...hái	Ph: put something at	
醜樣	cháuyéung	SV: ugly	13

17 （丨）

戲	hei	N: play (dramatic), show	22
嬲	nàu	SV: angry, getting angry	16
點（樣）	dím (yéung)	MA: how?	10
點解	dímgáai	MA: why? how is it that...?	10
點鐘	dím (jūng)	M: hour/o'clock	17
雖然	sèuiyìhn	AM: although	22

17 （丿）

鍾意	jùngyi	V: to like, be fond of	4

18 （丶）

顏色	ngàansīk	N: color	22
癐	guih	SV: be tired	1
禮拜	láihbaai	N: week	13
禮拜六	láihbaailuhk	TW: Saturday	13

			L
禮拜一	láihbaaiyāt	TW: Monday	13
禮拜二	láihbaaiyih	TW: Tuesday	13
禮拜三	láihbaaisàam	TW: Wednesday	13
禮拜五	láihbaainǵ	TW: Friday	13
禮拜四	láihbaaisei	TW: Thursday	13
禮拜日	láihbaaiyaht	TW: Sunday	13

18 (一)

轉	jyun (or jyún)	V: to turn to	21
醫生	yīsāng	N: physician	24

18 (|)

嚟	lèih, làih	V: come	10
藍色	làahmsīk	N: blue color	24
藍	làahm	SV: be blue	
舊	gauh	SV: be old (opp. of new)	6
舊時	gauhsìh, gauhsí (or chùhngchìhn, wóhngsí)	MA: formerly, in the past	18
舊年	gauhnín	TW: last year	13

18 (丿)

鎖	só	N/V: lock/to lock	19
鎖匙	sósìh	N: key	11

L

雙	sèung	M: measure for chopsticks	15

19 (、)

懶	láahn	SV: lazy	19
識	*sīk	V: know (a person, subject, etc.); recognize; become acquainted with	
		AV: know how to	12
離	lèih	CV: distant from	21
離開	lèihhòi	V: to leave (a place)	21
邊	-bihn (or bín)	M: side; part	21
邊	bīn	SP: which, who, whom	4
邊啲	bīndī (?)	N: which? (plural)	6

19 (一)

壞	waaih	SV: bad (in character); (things) out of order	23

19 (|)

藥	yeuhk	N: medicine	22
難	nàan	SV: be difficult	7
羅省	Lòhsáang	PW: Los Angeles	22

19 (丿)

餸	sung	N: dish of food	15
繩	síng	N: rope	21

			L
繩仔	síngjái	N: cord, string	21
20 (一)			
譬如	peiyùh (wah)	MA: for instance, if, in case	16
20 (丨)			
嘞	*làh	P: fusion of 'la' and 'àh'	8
齣	-chēut	M: measure for show or play	22
20 (丿)			
鐘	jūng	N: clock, bell	
鐘點	jūngdím	N: hour	17
覺得	gokdāk	V: feel	18
21 (丶)			
爛	laahn	AV: be broken, rotten; overripe	19
21 (丿)			
	-gauh	M: piece (lit. lump)	20
嚿	-gauh	M: measure for soap	22
21 (丶)			
讀	duhk	V: study, read	7
讀書	duhksyù	VO: study (intransitive); go to school	7

L

變成	binsèhng	V: to become, to change into	24

22 （一）

聽	tèng	V: listen to	8
聽話	tèngwah	SV: be obedient	23
聽日	tìngyaht	TW: tomorrow	10
聽晚	tìngmáan	TW: tomorrow evening	11
聽朝早	tìngjìujóu tìngjíu	TW: tomorrow morning	11
攞	ló	V: fetch, get	13

22 （｜）

歡喜	fùnhéi	SV/AV: be happy; to like, to be fond of, be glad to	22